SDGs

——危機の時代の羅針盤

南　博　Hiroshi Minami
稲場雅紀　Masaki Inaba

岩波新書
1854

はじめに——危機の時代の羅針盤

急性的危機と慢性的危機

2019年12月に突然出現した「新型コロナウイルス感染症」(COVID-19)は、その後数カ月の間に、ヨーロッパ、北米を席巻し、さらにイラン、トルコ、中南米などにも飛び火して、瞬く間に世界を変えた。数カ月で数千万人が感染し、数十万人を死に至らしめる破壊的なパンデミックに直面して、これまで国境を越えて「つながる」ことに信を置いていた現代世界は立ちどころに国境を閉ざした。世界のほとんどの国で、人間は「家にいる」ことを推奨され、人と人との関係は、インターネットを介したバーチャルなものへと移行させられた。3月以降にとられた「社会的・物理的距離」戦略に基づく強制的な「外出制限措置」は、その中でなんとか見いだされてきた、人間社会・経済とCOVID-19の「平衡・均衡」のプロセスへと移行してきたが、今後少なくとも数年間、人類はCOVID-19との共存を余儀なくされることとなっている。

この危機の中で、私たちが想起しなおさなければならないものが一つある。２０１５年9月、国連で１９３カ国の首脳の合意のもとに採択された「持続可能な開発目標」(ＳＤＧｓ(エスディージーズ)Sustainable Development Goals)である。ＣＯＶＩＤ-19が登場する前、それは日本の経済界、地方自治体、政府などでいわば「台風の目」となっていた。大企業や大手金融機関、政府や地方自治体の職員たちのスーツの襟には、円形のＳＤＧｓバッジが輝いていた。政府はＳＤＧｓに関わる取り組みに貢献した企業などを表彰する「ジャパンＳＤＧｓアワード」を設け、内閣総理大臣、内閣官房長官、外務大臣の出席で表彰式が行われていた。

ＳＤＧｓはそもそも、国内外で拡大する貧困と格差、「地球の限界」がもたらした気候変動や生物多様性の喪失など、ここ数十年の間に人類に破局的状況をもたらしかねない慢性的危機に対して、２０３０年という年限を切り、17のゴールと１６９のターゲット、２３２の指標を示して「持続可能な社会・経済・環境」に移行することによって、これを克服することを目的とするものである。しかし、ＣＯＶＩＤ-19登場以前に人類をとらえてきた慢性的危機に対する意識は、ＣＯＶＩＤ-19がもたらしたショックによって少なくとも、一時的には、忘却の危機にさらされた。

ＣＯＶＩＤ-19の有無にかかわらず、慢性的危機は存在し、深化している。人類はいま、Ｃ

OVID-19と様々な慢性的危機の双方に同時に直面している。実際には、COVID-19がもたらす急性的な危機は、貧困や格差・環境破壊・汚染といった慢性的危機により増幅され、ますます大きなショックをもたらすものとなっている。ここで忘れてはならないのは、SDGsは、「危機の克服」のために作られた目標だ、ということだ。実は、SDGsがその序文や宣言、目標、実施手段、フォローアップとレビューという各パートで掲げる原則や方法は、COVID-19がもたらしている急性的危機を克服へと導く処方箋としての価値を持っているのである。

いまCOVID-19の登場によって、危機の時代におけるSDGsの「真の価値」が問われている。ただ、これは逆さに見れば、「危機の時代を導く羅針盤」(図1)としてのSDGsの真の価値を再発見できるかどうかが問われている、ということでもある。もし私たちが、SDGsをCOVID-19の危機を打開するための指導理念とすることができれば、COVID-19を克服し、その後の社会を「持続可能な社会」へと移行させることができるかもしれない。一方、私たちがCOVID-19のもたらしているパニックの中でSDGsを忘れてしまえば、COVID-19やその次にくるパンデミックと、気候変動や環境破壊、貧困・格差による社会の崩壊という二つの危機を前にして、苦しい二正面作戦を強いられることになるかもしれないのであ

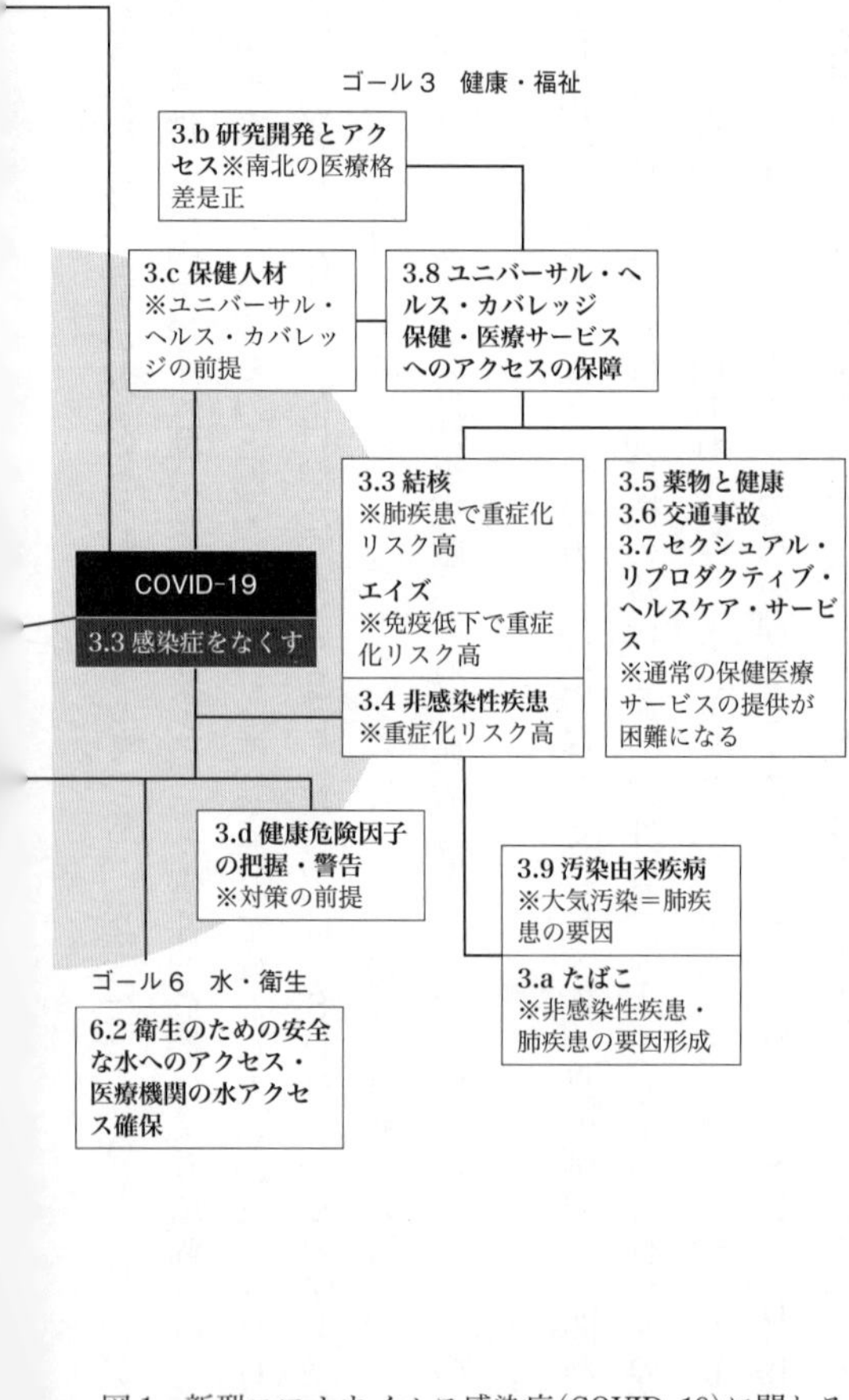

図1　新型コロナウイルス感染症(COVID-19)に関わるSDGsのゴール・ターゲットとそのつながり

ゴール3を超えた多様な課題とのつながり

ゴール1　貧困

- **1.3 社会保障制度へのアクセス**
  ※COVID-19 対策による貧困化の防止
- **1.5 貧困層のレジリエンス強化**
  ※危機への対応力強化

ゴール10　格差

- **10.2 すべての人々の社会・経済的包摂**
  ※都市貧困層の状況改善
- **10.4 社会保障の拡大**
  ※生活困窮者の支援

ゴール15　陸域生物

- **15.2 森林減少抑制**
  ※人獣共通感染症の発生防止
- **15.7 野生生物取引の減少**※人獣共通感染症の発生防止

ゴール5　ジェンダー

- **5.2 性暴力・DV 排除**
- **5.4 育児・介護・ケア労働のジェンダー差別軽減**
- **5.b 女性の ICT アクセス拡大**

ゴール2　飢餓・食料

- **2.1 飢餓の解消**
  ※対策での食料不足防止
- **2.2 栄養ニーズ対処**
  ※子どもの肥満・非感染性疾患等リスク要因減少
- **2.c 食料価格変動防止**
  ※食料アクセス保障

ゴール8　産業・労働

- **8.5 完全雇用**
  ※対策での失業の防止
- **8.8 移民・不安定雇用労働者の雇用・労働環境改善**※多言語情報アクセスと失業への対応
- **8.10 金融サービスアクセス拡大**※影響を受ける事業の持続化

ゴール16　ガバナンス

- **16.1 暴力・虐待減少**
  ※女性・子ども，障害者，LGBT 等への DV 防止
- **16.3 公正な司法アクセス**※対策による被害や不平等からの救済
- **16.6 透明で責任を果たす能力の高い機関**
  ※対策を適切に遂行できる行政機関
- **16.7 参画型意思決定**
  ※対策の策定への民主的な参画の保障

ゴール12　生産消費

- **12.4 廃棄物の管理強化**※医療廃棄物，包装廃棄物などの抑制

ゴール13　気候変動

- **13.2 国の気候変動対策の強化**※復興期の CO_2 増加を抑える

ゴール17　連携協力

- **17.1-3 途上国の開発資金拡大**※十分な COVID-19 対策資金の確保
- **17.4 対外債務への適切な対応**※パンデミック中の経済危機防止
- **17.6-8 必要な技術へのアクセス・移転**
  ※COVID-19 関連新規技術へのアクセス保障
- **17.17 多主体連携促進**
  ※セクターを超えた協力
- **17.18 データ収集・分析能力強化**

ゴール11　居住・交通

- **11.1 都市貧困層の居住環境改善**※感染防止
- **11.2 安全な交通の確保**
  ※交通機関での感染防止
- **11.5 防災減災**※パンデミック下での災害対策
- **11.6 大気汚染軽減**
  ※肺疾患の減少

ゴール4　教育

- **4.1 子どもの教育アクセス保障**
- **4.4 職業教育保障**※失業者の訓練機会保障

ゴール	世界平均	日本	ゴール	世界平均	日本
1 貧困をなくす	82%	55%	9 産業，イノベーション，インフラ	78%	52%
2 飢餓のない世界	85%	59%	10 国内・国家間の不平等をなくす	76%	45%
3 健康と福祉	84%	59%	11 継続可能な都市と人間居住	81%	51%
4 質の高い教育	82%	54%	12 持続可能な生産と消費	79%	51%
5 ジェンダー平等	74%	44%	13 気候変動への行動	80%	55%
6 安全な水と衛生	84%	57%	14 海の生物多様性の保護	83%	52%
7 入手可能でクリーンなエネルギー	83%	58%	15 陸の生物多様性の保護	83%	57%
8 良い仕事と経済成長	82%	50%	16 平和を司法，能力ある機関	79%	49%

調査対象国：アルゼンチン，イタリア，インド，英国，オーストラリア，オランダ，カナダ，韓国，サウジアラビア，シンガポール，スウェーデン，スペイン，中国，チリ，ドイツ，トルコ，日本，ハンガリー，ブラジル，フランス，米国，ペルー，ベルギー，ポーランド，マレーシア，南アフリカ共和国，メキシコ，ロシア(28カ国)

図2　SDGsの各ゴールが自分にとって重要だと考える人の割合
出典：「国連SDGs：その活用と制度化についての世界の世論動向」(世界経済フォーラム・IPSOS 2019年)

る。

COVID-19が登場する前の日本のSDGsブームには、いささか浅薄なところがあった。実際のところ、日経や朝日新聞などの調査によれば、「SDGs」という言葉を聞いたことがある人は全体の3割程度、仕事がらみでの認知が多かったこともあって、関心はビジネス・パーソンに局限される傾向があった。また、世界経済フォーラムとフランスの調査会社IPSOS

の調査〔図2〕によれば、日本のＳＤＧｓ認知率は、調査対象となった世界28カ国の中で、英国と並んで最も低く、また、ＳＤＧｓの各ゴールの重要度を問う質問に対しても、「たいして重要でない」「全く重要でない」という否定的な回答が最も多かった。この結果が示しているのは、「誰一人取り残すことなく」、貧困・格差をなくし、「持続可能な社会」をめざす、というＳＤＧｓの精神は、ＳＤＧｓの認知度が高いビジネス・パーソンの中でも、「きれいごと」「建前」としてしかとらえられていないところがあったとも考えられる。世界がＣＯＶＩＤ-19という急性的危機に直面し、ＳＤＧｓのブームが過ぎ去った今こそ、「危機の時代の羅針盤」としてのＳＤＧｓにじっくり目を通してみよう。

目次

第１章　ＳＤＧｓとは何か

１　持続する世界を作るための目標

ＳＤＧｓと「２０３０アジェンダ」

「ＳＤＧｓってなに？」。この質問には、いろいろな答えが成り立つ。基本はこうだろうか。

- 世界から貧困をなくすことと、現代の「つづかない（持続不能な）社会・経済・環境」を「つづく（持続可能な）社会・経済・環境」へと変革することを二つの柱とする目標。
- ２０３０年を期限として、17のゴール、１６９のターゲット、２３２の指標により、世界の社会・経済・環境のあらゆる課題をとりまとめる、相互に不可分一体の目標。

・条約のように、国連加盟国を法的に縛るものではないが、先進国、新興国、途上国がともに取り組むものであり、実現にあたっては、「誰一人取り残さない」ことがうたわれている目標。

ＳＤＧｓが国連で策定されたのは２０１５年9月25日であるが、実際に採択されたのは、「ＳＤＧｓ」という目標だけではない。ＳＤＧｓを含む「我々の世界を変革する：持続可能な開発のための２０３０アジェンダ」（以下「２０３０アジェンダ」とする）という文書である。そもそも、ＳＤＧｓを作ることが決まったのは、２０１２年6月にブラジルのリオ・デ・ジャネイロで開催された「国連持続可能な開発会議」（リオ＋20サミット）であった。「２０３０アジェンダ」は、それから3年の歳月と、世界中のあらゆる地域、あらゆる立場の膨大な数の人々の参画によって成立したものである。

２０３０アジェンダは、ＳＤＧｓをふくむ、５つのパートからできている。ＳＤＧｓはまず、この文書の性格づけを説明する「序文」と、ＳＤＧｓの考え方、哲学、精神を示す「宣言」によって導かれる。「ＳＤＧｓ本文」の後には、これを実現するための「実施手段」、そして進展状況を評価する方法やプロセスを示す「フォローアップとレビュー」が続く。ＳＤＧｓ自体が、この２０３０アジェンダの不可分の一部となっているのである。逆に言えば、ＳＤＧｓへの理解のカギは、ＳＤＧｓを含む２０３０アジェンダに隠されていると言ってよい。そこで、「ＳＤＧｓとは何か」を解き明かすために、まず、同文書の中で、ＳＤＧｓの精神を導く「序文」と「宣言」をみていこう。

ＳＤＧｓが目指すもの

２０３０アジェンダを貫く最大のコンセプトは「変革」である。そもそも、文書の主題が「我々の世界を変革する」となっているわけで、その「変革」志向の強さは疑いようがない。「ＳＤＧｓ実現への取り組み」の真贋を見極めるヒントの一つが、ここに埋め込んである。つまり、「変革」志向がなければ、ＳＤＧｓとは言えない。

では、何のための変革か。序文にある通り、それは「世界を持続可能かつ強くしなやか（レジリエント）な道筋に移行させるため」の変革である。これがそのまま、ＳＤＧｓの目的にもなる。「世界を持続可能かつレジリエントな道筋に移行する」ことこそが、ＳＤＧｓの目的であり、そこに結びついていかない取り組みは、ＳＤＧｓとは言えない。

では、世界を「持続可能かつレジリエントな道筋に移行する」とは、具体的にはどのようなことなのか。序文と宣言はこれについて、明確な答えを示している。

ＳＤＧｓがアプローチするのは、持続可能な開発の３つの側面として定義される社会・経済・環境の領域である。しかし、実際に２０３０アジェンダを手に取ってみると、あらゆる形態・側面における貧困をなくすという、「経済」の側面にことのほか重きが置かれているように見える。序文には、「人類を貧困の恐怖および欠乏の専制から自由にする」との記述もある。これは、米国のフランクリン・ローズベルト大統領が１９４１年の「４つの自由」（表現の自由、信教の自由、欠乏からの自由、恐怖からの自由）で提唱し、戦後、世界人権宣言に受け継がれてきた価値観を引き継ぐという意思の表れでもある。

「貧困をなくす」ことと不可分な社会的領域として、ＳＤＧｓは、すべての人々の人権と尊厳が実現され、ジェンダー平等とエンパワーメントが達成されるという「社会」の側面を強調する。また、そのための前提として、恐怖と暴力からの自由、平和で公正かつ包摂的な社会の実現を訴える。また、「持続可能な開発」と「平和」の不可分性も強調する。

ＳＤＧｓの重要なポイントは、「環境」という、持続可能な開発において不可分の課題を、ＳＤＧｓという一つの目標枠組みの中に統合したことである。「環境」の中で、特に重視されているのが「持続可能な消費および生産」「天然資源の持続可能な管理」および「気候変動対策」の3つである。序文は、これについて緊急の行動をとることにより、「地球を破壊から守る」と宣言している。逆に言えば、これは、緊急の行動がなければ、「地球は破壊されてしまう」ということを意味する。間接的にではあるが、環境に関して、2030アジェンダは「緊急事態」を宣言しているのである。

変革のアプローチ

では、2030アジェンダは、これらの課題をどう認識し、持続可能な世界を実現するための「変革」を、どのように行おうとしているのだろうか。

2030アジェンダの世界認識で最も特徴的なのは、課題の普遍性、不可分性に関する認識である。これは、地球規模課題に関する過去の多国間イニシアティブと2030アジェンダが大きく異なる点でもある。地球規模の課題に関するSDGs以前の多国間のイニシアティブは、「気候変動」「生物多様性」「感染症」といった個別の課題を切り出して対処するものであった。2030アジェンダは、個々の課題の重要性ではなく、むしろ、これらの課題がお互いに関連し、相互に依存しているという「相互連関性」を強調し、「統合的な解決」をめざすところに大きな特徴がある。個別課題に関するイニシアティブはもうすでにたくさん存在している。2

030アジェンダは、これらのイニシアティブをつなぎ、また、様々な個別課題を生じさせる根源にさかのぼって統合的にアプローチすることで、個別課題へのイニシアティブとの相乗効果を生み出し、課題解決の加速化を促進するのである。

2030アジェンダの中で、最も人の心をとらえるフレーズが、「誰一人取り残さない」であろう。序文で唱えられている「パートナーシップ」の中で、少なくとも文面上、最も重要なものとして位置づけられているのが、「もっとも貧しく、もっとも脆弱な状況に置かれている人々」とのパートナーシップである。宣言ではさらに踏み込み、2030アジェンダのゴールとターゲットが、「社会のすべての部分」で満たされることを望み、さらに、「最も遅れているところに第一に手を伸ばす」と述べる。序文および宣言には、この「誰一人取り残さない」というフレーズが、保健、教育など個別課題に触れるところにおいても繰り返し用いられ、その重要性が強調されている。

地球規模の課題は、その由来を近代以降の政治・経済システムに持つ。それは、現在「先進国」とされる国々が「途上国」とされる国々から資源や人間を奪い、植民地支配してきた歴史とともに作られてきた。また、気候変動に関してみれば、産業革命以降、莫大な二酸化炭素を排出し、途上国を含む地球全体に多くの被害を与えてきたのは先進国主導の経済である。こうしたことから、地球規模課題の解決をめぐっては、こうした加害の歴史に関わる「責任論」をめぐって、途上国と先進国の対立が繰り返されてきた。２０３０アジェンダの画期性は、地球が直面する課題の統合性、不可分性をたてに、この対立と分断を克服し、先進国と途上国の双方が共通の目標に取り組む形に問題を整理しなおしたことにある。後ほど述べるが、ＳＤＧｓにおいては、先進国、途上国を問わず、共通するゴール、ターゲット、指標を活用して協力して問題解決にあたることが明記されている。一方、これは、先進国と途上国の差異を無視することを意味しない。ＳＤＧｓはそれぞれの国の現実、能力、発展段階の違いを考慮に入れ、国、地域の実情に応じてターゲットや指標、戦略をカスタマイズすることを認めている。

人々の、人々による、人々のためのアジェンダ

２０３０アジェンダは、その検討が開始された２０１２年から、参加型のアプローチを基本に策定された。２０１２年の段階で、国連開発計画（ＵＮＤＰ）等の国連機関により多くの国で「市民のコンサルテーション」が行われ、そこで出た意見が国連での策定プロセスに反映された。また、各国政府に加え、国連の「持続可能な開発」プロセスで指定されている、女性、若者、先住民、地方自治体など９つの主要な社会・経済的グループと、障害者、民間財団など

「その他のステークホルダー」として後から加えられたいくつかのグループの代表が討議に継続的に参加した。これらのプロセスを反映し、あらゆる人々が参加する「全員参加型」が2030アジェンダの根本精神として組み込まれている。宣言の第52パラグラフには、（持続可能な開発の）旅路は、すべての人々を取り込んでいくものであること、これが「人々の、人々による、人々のための」アジェンダであることが宣言されている。参加型民主主義の精神はSDGsのゴール16にも書き込まれている。

2030アジェンダは、もちろん、目標達成における各国の政策余地を尊重するものである。一方、「宣言」における現代世界への分析は厳しい。数十億人が貧困のもとで尊厳を奪われ、国内外の不平等は拡大し、人道危機や気候変動などが過去の開発の成果を後戻りさせる恐れがある。こうした状況をみれば、貧困のない、持続可能な世界への変革は不可避である。2030アジェンダは、社会・経済・環境の課題の全体性、不可分性を認識し、「統合された解決」を、「誰一人取り残さない」形で行うことを目指すものである。そうである以上、そのビジョン、目標に妥協があってはならない。ここで必然的に登場するのが、「バックキャスティング」の考え方である。バックキャスティングとは、「SDGsに照らして、本来、2030年に世界はこうあるべき」という目標を、現状の世界の常識や、それをもたらしている現実の力関係に妥協することなく立て、現状と目標とのギャップを分析し、目標達成のための道筋を明確にし、政策を総動員して実現を目指す、という手法である。ＳＤＧｓが意味するのは、地球規模の課題について、これまで社会常識や目の前の現実を優先してあきらめていたことを、もうあきらめない、ということなのである。逆に言えば、「２０３０年にあるべき姿」と「今の現実」「今の社会常識」を照らし合わせたうえで、「現実」や「社会常識」の方を選んでしまうとすると、それは、「ＳＤＧｓの実践」とは言えない、ということになる。

もう一つ付け足すとすれば、ＳＤＧｓは、92年にリオ・デ・ジャネイロで開催された「環境と開発に関する国際連合会議」(リオ地球サミット)で成立した「気候変動枠組条約」や「生物多様性条約」のような「条約」ではない。そのため、加盟国を法的に縛るものではなく、罰則もない。また、気候変動や生物多様性への取り組みと違って、条約の「締約国会議」(ＣＯＰ)によって進められるものではない。ＣＯＰの代わりに設けられているのは、毎年の閣僚会議と4年に一回の首脳会議によって構成される「持続可能な開発のためのハイレベル政治フォーラム」(ＨＬＰＦ)である。

ＳＤＧｓが条約でなく、法的な縛りや罰則がないということは、一面、取り組みに関する「柔軟性が高い」ということを意味する。つまり、各国の自発的な取り組みが基本であるため、各国が自らのオーナーシップに基づいて、ある程度自由に取り組みの方向性を決めることができるというわけである。逆に、もし各国がＳＤＧｓに取り組むポーズだけをとって、その実何もしなかったとか、ＳＤＧｓの特定のゴールだけを優先し、その他のゴールには全く取り組まなかったとしても、ＳＤＧｓは強制力を持たないため、力ずくで各国にやり方を変えさせたりすることはできない。そこで考えられるのが、「プッシュ」と「プル」を合わせて、各国が自発的に「よりよい選択」をしていくように方向づけるという方法である。「プッシュ」とは、各国レベルで、市民社会、民間セクター、その他の様々な社会セクターが、各国のＳＤＧｓの達成状況をレビューし、国民レベルで政府にＳＤＧｓへの取り組み強化を働きかける運動を作って、政府がＳＤＧｓへの政治的コミットメントを高めるように要求していくことである。また、「プル」とは、国連など国際機関や、ＳＤＧｓの推進に熱心な国の政府などが協力して、各国がＳＤＧｓに率先して取り組みたくなるような政策環境を協力して作っていくことである。

この意味で、ＳＤＧｓの達成には、国連や国際機関、援助国の政府などだけでなく、アジア、アフリカといった地域レベルや、各国の国内レベルで、ＳＤＧｓの推進に積極的に取り組む市民社会や協同組合・労働組合などの非営利セクター、民間企業、学界の存在と、これらのステークホルダーの連携・協力が極めて重要なのである。

17のゴール、169のターゲットが目指す世界

「序文」と「宣言」で、SDGsの基本をなす考え方を頭に入れたところで、いよいよSDGsの本丸に分け入ってみよう。SDGsの特徴は、なんといっても、ゴールが17、ターゲットが169、さらにその達成状況を測るための指標が232もあるという、そのボリュームである。SDGsの前に国連が定めた世界の開発目標であった「ミレニアム開発目標」(MDGs)は、ゴールがSDGsの半分以下の8つ、ターゲットは21、指標は60しかなかったが、MDGsの啓発・普及をするたびに「目標の数が多くて覚えられない」「総花的で印象に残らない」などと言われたものである。それが、さらにゴールが2倍以上に増えてしまっては、「人々のためのアジェンダ」といっても、敬遠する人も多くなるだろう。そこで、17ゴールについて、少しでも親しみを持ってもらうために、17のゴールを、その共通性から5つのグループに関連づけ、「P」の字で始まる単語を当てはめて、「5つのP」としてわかりやすさを追求する、ということが行われている。この「5つのP」に従って、各ゴールを見ていこう(図1-1)。

	人間(People)のゴール
1	あらゆる場所のあらゆる形態の貧困を終わらせる
2	飢餓を終わらせ，食料安全保障および栄養改善を実現し，持続可能な農業を促進する
3	あらゆる年齢のすべての人々の健康的な生活を確保し，福祉を促進する
4	すべての人に包摂的かつ公平な質の高い教育を確保し，生涯学習の機会を促進する
5	ジェンダーの平等を達成し，すべての女性および女の子の能力強化を行う
6	すべての人々の水と衛生の利用可能性と持続可能な管理を確保する
	繁栄(Prosperity)のゴール
7	すべての人々の，安価かつ信頼できる持続可能な現代的エネルギーへのアクセスを確保する
8	包摂的かつ持続可能な経済成長およびすべての人々の完全かつ生産的な雇用と働きがいのある人間らしい雇用(ディーセント・ワーク)を促進する
9	強くしなやかなインフラ構築，包摂的かつ持続可能な産業化の促進およびイノベーションの推進を図る
10	各国内および各国間の不平等を是正する
11	包摂的で安全かつ強くしなやかで持続可能な都市および人間居住を実現する
	地球(Planet)のゴール
12	持続可能な生産と消費の形態を確保する
13	気候変動およびその影響を軽減するための緊急対策を講じる
14	持続可能な開発のために海洋・海洋資源を保全し，持続可能な形で利用する
15	陸域生態系の保護，回復，持続可能な利用の推進，持続可能な森林の経営，砂漠化への対処，ならびに土地の劣化の阻止・回復および生物多様性の損失を阻止する
	平和(Peace)のゴール
16	持続可能な開発のための平和で包摂的な社会を促進し，すべての人々に司法へのアクセスを提供し，あらゆるレベルにおいて効果的で説明責任のある包摂的な制度を構築する
	パートナーシップ(Partnership)のゴール
17	持続可能な開発のための実施手段を強化し，グローバル・パートナーシップを活性化する

図 1-1　SDGs の 17 ゴールと 5 つの P

人間(People)のゴール：貧困をなくし、人として生きられる社会を作る

ゴール1から6までは、最初のPである「人間」(People)と強く関連する。ゴール1が貧困の終焉、2が飢餓・食料・栄養、3が保健、4が教育、5がジェンダー平等、6が水と衛生、となる。この1から6まではすべて、SDGsの前身の一つであるMDGsにも含まれていた目標である。つまり、SDGsのいわば「一丁目一番地」である「貧困をなくす」という課題に直結するのが、この「人間」のパートであり、人々が人権と尊厳を持って生きていくことができる社会環境を作る「社会開発」「人間開発」といわれる領域に属するものである。

これらの課題の多くは、途上国の貧困改善と開発に直結しているが、実際には、これらは決して途上国だけの問題ではない。例えば日本は、ゴール1のうち、「各国定義による貧困の半減」というターゲット(ターゲット1.2)について、相対的貧困にある人口が全体の16％におよび、OECD35カ国中6番目に相対的貧困率が高い状況にある。ところが、日本のSDGsの取り組みでは、貧困問題は重視されておらず、ターゲット1.2の「半減」目標の達成に向けた政策の動員には手がついていない。また、ゴール5の「ジェンダー平等」については、例えばダボス会議(世界経済フォーラム)の「ジェンダーギャップ指数」でみると、日本はなんと121位(2020年版)にとどまり、多くの途上国の後塵を拝する状況になっている。貧困の解消や人間開

発は先進国の課題でもあるのだ。

繁栄（Prosperity）のゴール：「つづかない」経済から「つづく」経済へ

ゴール7から11までは、「繁栄」（Prosperity）に関連づけられる。これらは、世界が持続的に繁栄する基礎となる、持続可能な経済を作る目標である。ゴール7が持続可能なエネルギー、8が持続可能な成長と完全雇用およびディーセント・ワーク、9がインフラ・産業化・イノベーション、10が国内外の不平等の是正、11が都市や住環境の改善と災害対策となっている。ここで大事なのは、エネルギー、インフラ、産業化、イノベーションを含め、これまで、とにかく「経済成長」の課題として追求されてきたものが、「持続可能」や「平等」という枠をはめられ、人間や環境、社会との関係において位置づけなおされたことである。

また、ゴール9の産業化やイノベーションには、先進国から途上国への技術移転などの課題が含まれており、ゴール10の「各国間の不平等の是正」と結びついて世界レベルでの格差の縮小をめざすものとなっている。ゴール10の不平等の是正は、あらゆる差別の是正と脆弱層のエンパワーメントや適正な移民政策を含む。さらに、ゴール11は、インドや中国、東南アジアなどの新興国を中心に悪化する都市の大気汚染の改善、気候変動の深刻化とともに多発する災害へのレジリエンス（弾力性、回復力）の強化などを含んでいる。ゴール7から11は、経済を「持続可能」の視点からとらえなおし、「つづかない（持続不能な）経済」から「つづく（持続可能な）経済」へと変革する目標なのである。

地球（Planet）のゴール：「地球一個分」の生産と消費への移行

ゴール12から15までは、「地球」（Planet）に関連づけられる。すなわち、環境破壊により持続不能になりつつある地球環境を、持続可能な環境へと修復するための目標である。このうち、ゴール13は気候変動、ゴール14が海の生物多様性、ゴール15が陸の生物多様性の実現に向けた目標であるが、実際には、気候変動と生物多様性については、１９９２年に制定された「気候変動枠組条約」と「生物多様性条約」のいわゆる「双子の条約」によって定められた、各条約のCOPのプロセスが優先されている。近年、気候変動については、特に二酸化炭素の排出量の多い石炭火力発電の廃止に向けた動きが加速化し、また、生物多様性については、特に海の生物多様性と大きく関係する海洋プラスチック汚染についての取り組みが急加速している。

ＳＤＧｓの文脈でより重要なのは、「持続可能な生産と消費」の課題を正面から取り扱う「ゴール12」である。第4章で詳述するが、世界自然保護基金（ＷＷＦ）などが提唱する「エコロジカル・フットプリント」でみると、現在の人類社会は、地球資源の再生能力の1・69倍に及ぶ資源を消費することで成り立っており、少なくとも中長期的には持続不能な状況にある。これを「地球一個分」の生産と消費へと移行させていくことが、本来、SDGsの柱の一つである「持続不能な地球から持続可能な地球への変革」の最大の眼目である。ゴール12は、具体的な課題としては、フードロス、有害な廃棄物の問題、リサイクル、環境教育などの課題が合わさった内容となっているが、このゴールに関わる取り組みを具体化、強化していくことが、将来世代のニーズや可能性を奪わない持続可能な世界、「地球一個分」の人類社会を目指すうえで極めて重要である。

平和(Peace)のゴール：暴力・犯罪の防止と、公正な参加型民主主義によるガバナンス

残りの二つの「P」は、それぞれ一つのゴールに紐づいたものである。ゴール16の「P」には「平和」(Peace)が当てられているが、このゴールは「平和」のみならず、公正な司法へのアクセス、汚職・腐敗の防止、透明で能力の高い行政機関、参加に基づく意思決定など、むしろ、現代における国家および国際社会における「ガバナンス」の在り方を提示したものとなっている。2016年以降のSDGs時代、現実の政治の文脈では、先進国・途上国を問わず多くの

国で政治の権威主義化と民主主義・自由の後退が生じており、市民社会が活動できるスペースが狭められている現状がある。こうした中、ゴール16は、人権や自由、民主主義を求める市民社会のよりどころとなっている。

ゴール16のうち、ターゲット1・2・4が暴力や組織犯罪をなくすことを目的としているが、特にターゲット16・2（子どもに対する暴力の廃絶）については、子どもに対する暴力をなくすという観点から国際的な政策提言活動が活発に展開されており、そのための多国間パートナーシップとして「子どもに対する暴力廃絶のためのグローバル・パートナーシップ」(GPeVAC)が組織されている。また、能力の高い行政・公共機関についてターゲット16・6で規定しているが、ここで重要なのは、単に行政能力が高いことだけでなく、市民に対する透明性、アカウンタビリティも要件とされていることである。同様に、国家の意思決定は、対応的、包摂的かつ参画型で代表制に基づいたものである必要がある、ということが、ターゲット16・7で明記されている。参加型民主主義を国家の意思決定の在り方の要件とするというのは、現代の民主主義の水準から言っても画期的なことと言えよう。

パートナーシップ(Partnership)のゴール:持続可能な社会に向けたシェアリング

「5つのP」の最後は「パートナーシップ」である。包摂的で参加型のパートナーシップはSDGsの精神の核をなすものだが、このゴール17が目指すのは、後発開発途上国、小規模な島国や内陸国など、開発において不利な条件におかれている国を含めて、地球全体で貧困をなくし、持続可能な社会・経済・環境に移行していくための、開発資金、科学技術イノベーションと技術移転、能力の構築、貿易ルール、政策一貫性の確保などのパートナーシップである。この中で、例えば、「ODA(政府開発援助)をGNI(国民総所得)の0.7%とする」といった、伝統的なODAの数値目標なども位置づけられている。ここで新しいのは、後発開発途上国なども含め、地球全体で、今後急速に進む科学技術イノベーション(STI)へのアクセスや知識共有に関するメカニズムの整備を行うという、ターゲット6~8の存在であろう。これにより、国連のSDGsのフレームワークの中で、「科学技術イノベーション・フォーラム」(STIフォーラム)が毎年開催されることとなった。

こうした先進国と途上国の間のパートナーシップ以外に、ターゲット17・17では、政府、民間セクター、市民社会などのマルチステークホルダー・パートナーシップによるSDGsの推進を掲げている。さらに、ターゲット17・18では、途上国におけるSDGs進捗のためのデータ収集、モニタリング・評価の能力の強化のためのパートナーシップなども掲げている。

ゴールの中を覗いてみよう・ゴール同士を結んでみよう

このように見てくると、17のゴールで形成されるSDGsの体系は、統合性と包摂性の考え方に基づき、かなり緻密に構築されたものであることがわかる。これは、個々のゴールを構成する各ターゲットを確認することにより、さらに明確になってくる。具体的に確認するため、例として、保健を扱う「ゴール3」の中にあるターゲット、指標を覗いてみよう。

ゴール3のタイトルは「あらゆる年齢のすべての人々の健康的な生活を確保し、福祉を促進する」となっている。これは、SDGsの前身の一つであるMDGs（ミレニアム開発目標）が、妊産婦の健康の改善、子どもの死亡率削減、エイズ・マラリア等の感染症の蔓延の防止の3つを特出して目標とし、他の保健課題には言及しなかったのとは対照的である。実際にゴールの中身を覗いてみると、ターゲット3.1が妊産婦の健康、3.2が子どもの死亡率、3.3がエイズ・結核・マラリアの終息となっており、MDGsの3つのゴールをフォローしている。ターゲット3.4から3.7が、MDGsで触れられていなかった非感染性疾患、精神疾患、薬物による疾患、交通事故、リプロダクティブ・ヘルスを扱っており、3.8が、これら保健・医療課題すべてについて、必要な人がお金の心配をせずに水準の高い保健医療サービスを受けることができるような体制を作る、という「ユニバーサル・ヘルス・カバレッジ」(UHC)の目標となっている。このユニバーサル・ヘルス・カバレッジに関して、保健システムや保健財政の課題のみならず、必須医薬品やワクチンへのアクセスも付け加えられており、SDGsの包括性がさらに強化されている。そして、ターゲット3.9は、化学物質や大気・水質・土壌汚染による疾病への対策となっている。

その後に3.aから3.dまでの「実施手段」に関するターゲットが並んでいる。ここで記述されているのは、3.aがたばこ規制、3.bが医薬品の研究開発と安価なアクセスの保証と、そのための貿易ルールの緩和、3.cが保健システムの強化、3.dが人間の健康を阻害しうる因子に関するデータ収集・分析の強化である。これをみると、大変残念なことに、地球規模感染症への対応力強化や、高齢化と認知症に関わる要素は十分ではない。しかし、現在の保健・医療に関わる課題のかなりの部分が網羅されていることがわかる。このゴール3に典型的なように、SDGsのゴール設定は、基本的に、世界に存在する様々な課題をなるべく包括的に掬い上げ、まとめあげる形で構成されているのである。

では、保健の課題は、「ゴール3」だけを突き詰めれば解決するのか。残念ながら、そういうわけではない。現代世界の問題は様々な広がりを持ち、個別のゴールを超えたところで統合的な解決を目指す必要がある。複数のゴール、ターゲットにまたがる取り組みを構想するには、逆に、特定の問題に分け入り、その問題に関わる因果関係と広がりを見ていく必要がある。

例えば、ゴール3のターゲット9に含まれる、大気汚染を原因とする疾病による死者は、年間880万人に上り、エイズ・結核・マラリアの三大感染症による死者数をはるかに上回っている。しかし、保健医療の領域では、途上国の大都市を中心に劇的に悪化している大気汚染による疾病について、できることは限られている。せいぜい、一定の予防手段によって、体へのダメージが生じるスピードを遅らせること、実際に疾病に罹患した場合に、対症療法を施すことぐらいである。

個人が大気汚染による疾病にかかったらどうするか。もちろん治療は重要だが、もう一つの解決法として、大気汚染の少ない地方に避難するということが考えられる。一方、ますます多くの人口が、農村で食い詰めた結果、大気汚染の激しい大都市に流入するケースが増えているが、これにより、ますます多くの人が大気汚染由来の疾病にかかっている。今、大気汚染由来の疾病を減らすためには、大気が汚染されている都市部への人口流入を減らしていく必要がある。この場合、農業をはじめ、都市部以外での仕事や生活の場の確保が大きな課題となる。S

DGsに関わる政策によってこれを実現するためには、例えば、ゴール2のターゲット3（女性、先住民、家族農家、牧畜民および漁業者をはじめとする小規模食料生産者の農業生産性および所得の倍増）、ゴール8のターゲット5（完全かつ生産的な雇用および働きがいのある人間らしい仕事の達成）、そしてゴール13のターゲット3（気候変動の緩和、適応、影響軽減等）といった課題とつなぎ合わせて政策を考えていく必要がある。

一方、この問題を根本的に解決していくために最も重要なのは、大都市における大気汚染の深刻化を止め、反転させていくことである。しかし、ゴール3の中には、それについての回答はない。むしろ、これはゴール11「持続可能な都市および人間居住」の課題となる。ゴール11のターゲット6には、以下のようにある。「2030年までに、大気の質および、一般ならびにその他の廃棄物の管理に特別の注意を払うことによるものを含め、都市の一人当たりの環境上の悪影響を軽減する」。指標として11・6・2「都市部における微粒子物質の年平均レベル」も存在する。

残念ながら、年間880万人の命が失われている大気汚染に対して、この目標レベルでは全く追いついていないことは明らかである。それは、実際に大気汚染による健康の阻害と人々の死という課題に取り組む様々なアクターが、これらSDGsのゴール同士のつながりを意識して、政策的な取り組みをどこまで掘り下げられるかにかかっている。

2　強いられた変革

これまで、国連が2015年に採択した、SDGsを含む「我々の世界を変革する：持続可能な開発のための2030アジェンダ」から、SDGsの根幹をなす様々な原則について確認し、さらに、17のゴールと169のターゲット、232の指標からなるSDGsの目標体系を見ることによって、現代世界の抱える問題を緻密に体系化したSDGsの在り方を覗いてきた。その中から、SDGsは現代における社会問題の地図、もしくは現代の「百科全書」というにふさわしい体系であることが確認できたと言える。また、包摂性や統合性、参画型といった諸原則に導かれたSDGsにおける変革の手法も、垣間見ることができた。しかし、最後に一つ大きな、なおかつ根本的な質問が残っている。「なぜ、私たちはSDGsに基づいて、世界を変革しなければならないか」という問いである。

「持続可能」の意味

ＳＤＧｓの日本語の正式名称は「持続可能な開発目標」である。では、「持続可能な開発」とはどういう意味か。簡単に言えば「つづく」「つづいていく」ということであるが、例えばブルントラント委員会(国連「環境と開発に関する世界委員会」)の１９８７年の報告「我々の共通の未来」(Our Common Future)は、「持続可能な開発」について、「将来世代のニーズを満たす能力を損なうことなく、現在のニーズを満たすような開発」と定義している。逆に言えば、将来世代のニーズを損なう、将来世代の可能性を奪うような開発は、「持続可能な開発」ではない、ということになる。

先にゴール12(持続可能な生産と消費)のところでふれたように、エコロジカル・フットプリントで算出すると、現代の人類社会は、地球の資源再生能力の1・69倍を使うことで運営されている。例えば、溜め池に毎分1立方メートルの水が流れ込み、同時に1・69立方メートルの水が流出しているとしよう。これが続けば、溜め池から毎分0・69立方メートルずつ水が減り、やがて、池がなくなってしまうことは自明である。これは、明らかに、将来世代から、この溜め池の水を使うという可能性を奪うことになる。溜め池ならまだしも、今の話で実際に対象となっているのは、地球の資源すべてである。この点に照らせば、ＳＤＧｓが「持続可能な開発」のための目標である以上、その最大の目的は、「地球1・69個分で成り立っている現在の人類社会のシステムを、地球一個分のシステムに変革する」ということになる。

では、資源が枯渇して、その時に生きる人類の可能性が極端に損なわれるタイミングはいつなのか。これについては、すでに1970年に、「ローマ・クラブ」からの嘱託を受けたデニス・メドウズを中心とする国際チームが答えを出している。1972年に出版されたローマ・クラブ「人類の危機」レポート「成長の限界」では、資源の枯渇や汚染が閾値を超えることにより、強制的に人口減少が始まる時期を、2030〜40年の間、と算出したのである。もちろん、この数値は、地球の資源が推定より多かった、もしくは、同じエネルギーで農産品の大量生産が可能となり、人類の「食」がより多く賄えるようになった、といった変化により、多少のずれは生じる。しかし、同チームが2000年になって、1970年から2000年までの資源消費の状況などを再計算してみたところ、1970年のレポートでの推論と、ほとんど違いがなかったのである。現在、すでに2020年。現在の開発、生産と消費の在り方によって将来の可能性を奪われるのは、もしかすると、遠い未来の世代ではなく、現在の社会・経済・環境システムを支えている現役世代かもしれないのである。

破局の予兆

この「破局」の予兆を示す最大のものが、すでに「気候危機」と名を変えるに至った「気候変動」の問題である。

2019年9月20日、ニューヨーク市役所前には、30万人を超える人々が集まり、マンハッタン島最南端のバッテリー・パークまで行進した。その多くは、世界を食いつぶす現役世代に対して警告を発しようと集まった、10代の青少年たちであった。彼らはこの行動の名前を「気候ストライキ」と名づけた。ニューヨーク市教育委員会は、気候ストライキに参加するなら、この日は学校を休んでも構わない、と特別な決定を行い、声を上げる将来世代にエールを送った。この日、世界中でストライキに参加した人々は、青少年層を中心に400万人にも達した。

気候変動の影響は、世界中で如実に表れている。気象庁は2018年8月の異常気象分析検討会において、同年の顕著な豪雨と高温の背景には地球温暖化の影響があったという見解を公表している。「平成30年7月豪雨」と「平成30年台風第21号」を合わせた2018年の西日本大水害の死者は277名、同年の水害被害額は全国で1兆3500億円と算出されている。また、2019年に千葉県を襲った台風15号と、東日本一帯に巨大な被害を与えた台風19号など、同年の水害による死者は108名、被害額は2018年には及ばないものの、この二つの台風だけで4100億円に及んでいる。日本は、先進国の中では最も気候変動に脆弱な国である。他の先進国で、水災害による死者が例年100人を超す国はほとんどない。

このように、日本だけを見ても、気候変動の被害は大きく、多くの人々が直接影響を受けている。ところが、気候変動の最大の問題は、毎年これだけの被害を受けており、また、今後放置した場合にどうなるか、といった予測が立っているにもかかわらず、現在までのところ、これに対する積極的な取り組みが十分でないということである。日本は、パリ協定に定められた国別約束で、2030年の二酸化炭素排出削減目標として「2013年比で26％削減」との数値目標を掲げているが、これだけでは、パリ協定が目指す、世界の平均気温上昇を産業革命以前に比べて1.5〜2度未満に抑えるという目標を達成できないとの評価もある。石炭火力発電についても、日本政府の姿勢に対して国内外から厳しく批判する声が上がっている。日本から視点を世界に転じてみても、いまだに二酸化炭素排出量は増加しており、各国の国別約束の総和を見ても、本来パリ協定が目指す目標に照らし

ニューヨークでの気候ストライキ．「科学に耳を傾けよ」とのプラカードが見える（2019年9月20日，著者撮影）

て、290億〜320億トンのギャップが生じてしまう。さらには、世界第2位の排出国である米国は、パリ協定から離脱してしまった。これでは、せっかくパリ協定があり、毎年COPを開催しているにもかかわらず、世界は地球の限界に向けてまっしぐらに進んでいると言われても仕方がないであろう。

脆弱性を抱えた社会

「持続不能」をもたらすものは、「地球の限界」だけではない。SDGsの根幹をなすもう一本の柱は、「貧困や格差の解消」であるが、これは「持続不能な世界を、持続可能な世界に変える」という課題と矛盾しない。というのは、「貧困」と「格差」は、人類社会が手にしている資源の配分が、きわめて不公正かつ不均等、非効率に行われているということの証左だからである。SDGsは「貧困・格差の是正」を柱の一つにすることで、現代の人類社会における資源の分配が公正かつ均等、効率的に行われるようにすることを目指しているわけである。

英国に由来する国際NGO、オックスファムは、毎年1月にスイスのダボスで開催されるダボス会議(世界経済フォーラム)に向けて、世界における格差の状況について発表を行っている。2020年の報告書では、以下のことが告発されている。「世界で最も富裕な1%が所有する資産は、下から数えて69億人目までの人が所有する資産の2倍以上に及んでいる」「世界の22人の最富裕層が所有している資産は、アフリカの女性全員が所有している資産よりも多い」。

貧困や格差は、公正な競争の結果として生じているのではない。むしろ、国境をまたにかけて活動するトランスナショナル企業や、同じく国境を越えて活動する富裕層などにしか使えない、タックス・ヘイブンなどの仕組みを独占的に使うことで、効果的な租税節約を行い、ますます富裕となる。一方、このようにして収益構造がグローバル化され、企業が収益を上げた国に税金という形で還元することがなくなるので、各国の税収はやせ細る結果となる。社会保障や社会開発への投資など、再分配の仕組みは何らグローバル化されておらず、各国民国家に任されており、その原資は、基本的には税収である。税収が下がれば、これまでできていた再分配もできなくなり、貧富の差がますます開くうえ、実際に生活に困窮した状況にある人々には、どんな救済の手も行き届かず、みすみす見殺しになる、ということが多発するわけである。

このように、不公正と、国境を越えた欲望の生々しい力によって、資源が不均等、非効率に配分されている社会は、気候変動などの「地球の限界」に関わる危機や、急性感染症などのその他のグローバルな危機に対して、弾力性や回復力が十分にない、脆弱性を抱えた社会である。逆に、社会の側で、分配の不公正を解消し、より公正、均等、効率的に資源配分が行われるようになれば、気候変動をはじめとする危機への耐性もつき、レジリエンス、即ち、弾力性と回復力をもって、危機への対応をすることができる。持続可能な社会を作る前提として、まず、貧困・格差をできる限りなくし、分配の不公正を排除して、資源配分において失敗がない社会を形作ろう、それでこそ、持続不能性の危機に対して、弾力性をもって対応できる……これは、ＳＤＧｓの示す包摂的・統合的な考え方の一端である。

コースから外れている

２０１９年９月、国連事務総長のリードの下、２０１６年のＳＤＧｓ実施開始以来最初の「ＳＤＧサミット」が行われた。このＳＤＧサミットは、ＳＤＧｓの進捗状況の評価に関して、毎年７月に開催されている閣僚級のハイレベル政治フォーラムの首脳会議版という位置づけであり、４年に一回開催される。首脳会議だけあって、そこでは、ＳＤＧｓの進捗全体について、首脳級で評価に合意をしたうえで、「政治宣言」を出すのである。

今回のＳＤＧサミットで採択された政治宣言の文面は、楽観的な記述は多いものの、肝心なところで、現在のＳＤＧｓの進展について、厳しく評価している。宣言では、ＳＤＧｓの進捗の遅さを懸念し、脆弱性が高いままの状態にあることに失望を表明している。国内、国家間で、富や収入を得る機会の不平等が拡大しており、飢餓人口が増え、ジェンダー平等実現へのスピードも遅い。このままでは、「貧困をなくす」ことに失敗するのではないか。宣言は、気候変動による災害や環境汚染が人道面において破壊的な結果をもたらす可能性にも言及する。

国連自らが、ＳＤＧｓ達成について「黄信号」をなげかけ、とにかく今後の10年で取り返す、といわんばかりに、なりふり構わず、２０３０年までの「行動の10年」を提起している。とにかく取り組みを加速化することを約束する、としたうえで、政治宣言の最後のパラグラフは、次のように述べる。「早急な変化は可能であり、目標は達成可能な範囲内にある」。

私たちは今ますます、のっぴきならないところまで追い込まれている。ＳＤＧｓの「変革の旅」には、もはや他の選択肢はない。やめることも、後戻りすることもできない。ＳＤＧｓという羅針盤を手に、「地球一個分」の人類社会の実現、将来世代の可能性を摘まない社会・経済・環境の実現を目指して、足取りを加速化させていくよりほかには、将来世代はおろか、十数年後を生きる現役世代の未来もおぼつかないのである。

第2章　国連でのＳＤＧｓ交渉

1　ＳＤＧｓの起源

二つの起源

前章では、ＣＯＶＩＤ‐19の急性的危機においてこそ真の価値を発揮する「危機の時代の羅針盤」としてのＳＤＧｓの価値のありかを考察してきた。では、ＳＤＧｓはどのような経過をたどり誕生したのだろうか。私(南)は、２０１５年にＳＤＧｓができるまでの3年半の間、日本政府のＳＤＧｓ交渉の首席交渉官を担った。その立場から、あらためてＳＤＧｓの「変革の旅」の始まりに向けて遡行してみたい。

ＳＤＧｓには二つの起源に基づく流れがあると言ってよい。

一つは、「持続可能な開発　Sustainable Development」である。持続可能な開発とは、1987年にブルントラント・元ノルウェー首相が座長を務めた国連「環境と開発に関する世界委員会」が提出した報告書「我々の共通の未来」に端を発するものである。持続可能な開発の概念ができたことをもとに、1992年にブラジルのリオ・デ・ジャネイロにおいて、世界で初めての地球環境問題に関する大国際会議、地球サミット(環境と開発に関する国連会議)が開催された。2012年には、地球サミットの20年後ということで、再度リオ・デ・ジャネイロにおいて、リオ＋20サミットが開催されることになっていた。

もう一つの起源は、ミレニアム開発目標である。ミレニアム開発目標(MDGs　Millennium Development Goals)とは、2000年の国連ミレニアム・サミットでの宣言をもとにして、2001年に策定された、途上国の開発のための8つのゴール、21のターゲット、60の指標からなる開発目標である。2000年の国連ミレニアム・サミットの宣言の貧困削減の部分において、2015年までに一日1ドル以下で生活する人々の割合を半減させる、という目標がうたわれていた。これらを整理してゴール、ターゲット、指標の三層に構成したのがMDGsである。

MDGsは、8つのゴールという単純化された目標からなっており、非常に明快でメッセージ力が強いものであった。この結果、この8つのゴールに資金が集中することになり、一定の成果をあげることができ、とりわけ貧困削減については、２０１５年の期限前に半減目標を達成することができた。一方において、ＭＤＧｓに対してはいくつかの批判が存在した。第一には、サハラ以南のアフリカにおいてはほとんどのターゲットを達成することができず、地域的にばらつきが生じていた。加えて、それぞれの国の平均値をデータとして取っていたため、国内でもばらつきが生じて、国内における格差の問題に対処していないという批判があった。第二に、ＭＤＧｓは保健関係のゴールが3つあるなど保健問題にやや偏っている一方で、環境問題に関するゴールは存在するものの内容的に不十分であるとの指摘があった。第三に、ＭＤＧｓは国際機関などの専門家が決定したものであって、途上国の中には、本来自分たちの問題であるのにＭＤＧｓの策定において自分たちが関与できなかった、という強い不満があった。くわえて、目標達成のための実施手段、すなわち資金協力、技術移転などの部分が非常に弱い、という指摘が途上国から強くなされていた。

このような不満を背景としつつ、ＭＤＧｓは２０１５年に目標年を迎えることから、その後の開発目標(ポストＭＤＧｓと呼ばれていた)をどうすべきか、という議論が国際社会においてわき起こりつつあった。この二つの流れ、持続可能な開発の流れと開発問題そのものの流れが合流する形で、ＳＤＧｓが作られることになったわけである。

SDGsの生みの親

SDGsは、ある一人の外交官の発案から生まれ、その強力な主張によって国際社会の潮流となっていったものである。その人物は、南米のコロンビア共和国の外務省の環境局長であった、ポーラ・カバジェロであった。彼女が、2011年8月にインドネシアで行われたリオ＋20サミットの準備会合において、MDGsに範をとって、地球環境問題についても同様のゴール、ターゲット、指標を設け、これをリオ＋20サミットの成果とすべしと主張をしたのが始まりである。

コロンビア外務省の
ポーラ・カバジェロ
(Planctary Security
Initiative)

リオ＋20サミットの交渉が始まった当初の頃は、ポーラが率いるコロンビアとグアテマラがSDGsに関する議論をリードしていたが、各国ともどんなものになるかわからないSDGsに対する立場を決めかねている状況であった。ただし、この頃ポーラは、SDGsは水、土地利用、気候、大気、海洋など環境問題に限定されるべきであって、貧困削減はゴールになるべきではない、貧困削減は全体に関わる問題である、という言い方をしていた。したがって、この頃の彼女の考えによれば、SDGsは環境問題に限定されている目標であり、すなわち開発問題一般とは一線を画していたと言えよう。

リオ＋20サミットの成果文書の交渉は２０１２年１月から始まった。この交渉の中で、ＳＤＧｓについては、リオ＋20サミットの大きな成果の一つにするということでほぼ各国の合意は得られつつあった。コロンビアのポーラが各国を精力的に説得して回り、かつ開催国であるブラジルもそれに乗ったためである。結局、ＳＤＧｓの内容は今後の交渉で決めていくこととし、リオ＋20サミットの合意文書では具体的な分野は特記しないと言うことで合意はできつつあった。しかしながら、最大の争点となっていたのがＳＤＧｓの決め方であった。

途上国は、ＭＤＧｓの反省から、ＳＤＧｓは加盟国が関与して政府間交渉で決めるべしと主張し、ＥＵは、ＳＤＧｓはＭＤＧｓ同様、専門家が決めるべし、としていた。ＥＵの懸念は、もし国連加盟国すべてが関与して交渉するようなことになればＳＤＧｓについて合意を得ることはできない、仮に合意が得られるとしても膨大なリストになって収拾がつかないものになる、ということであった。そしてその懸念は日本も同様に持っていた。この点の対立は解けず、最終的に議長国ブラジルが出してきた案は、①ＳＤＧｓに関する包括的かつ透明な政府間交渉プロセスを作る、②２０１２年９月までに、５つの地域グループ（国連で決められている、アフリカ、アジア・太平洋、東欧、中南米、西欧そのほかの5グループ）を通じて加盟国から指名された、公正、衡平かつバランスのとれた地域的代表による、30名からなるオープン作業部会を発足させる、③2014年9月までにSDGsを提案する報告書を提出する、というものであり、結局これが合意された文章となった。

リオ+20サミットの成果文書は全部で283パラグラフあるが、極論してしまえば、そのうちSDGsに関する7パラグラフしか意味がなかった、と言えるであろう。

2 SDGsの合意まで

議席をめぐって

リオ+20サミットで決定されたSDGsオープン作業部会を始めるのは簡単ではなかった。この作業部会は5つの地域グループから指名された30名からなる、となっている。当初の考えは、一つの地域グループから6カ国ずつ、全部で30カ国という想定であったし、2012年6月のリオ+20サミットの合意の際には各国とも同様の認識であった。

ところが、ニューヨークにおいて、この合意を実施する段になったところ、一つの地域グループから平等に6カ国というのは不公平ではないか、という議論になったのである。確かに、地域グループは当然のことながら国数は大いに異なっており、2012年当時、アフリカは54、アジア・太平洋は53、東欧は23、中南米は33、西欧そのほかが29と、非常にばらつきがあった。結果的に、若干の調整が図られて、東欧と西欧がそれぞれ1議席減、アフリカとアジア・太平洋がそれぞれ1議席増という調整を行うことで決着がついた。

次なる問題は各地域グループの中での議席調整であった。各地域グループに分配されることとなった、この限られた議席に対して、各グループとも多くの国が議席を得ることを希望したのである。アジア・太平洋グループの中だけでも21カ国が議席を得ることを希望し、倍率は3倍となってしまった。しかも、アジア・太平洋グループは最も多様性の高いグループであり、議席の調整など容易にできるわけがない。このような状態が各地域グループで発生していたのである。結局、議席の選定方法については、最終的には何カ国かで議席をシェアする、アジア・太平洋グループでは7議席に21カ国が立候補しているので、3カ国ずつで1議席をシェアする、というやり方で決着した。他の地域グループでも同様の方法をとることで落ち着いた。

では、どこの国と議席をシェアするか。普通、議席をシェアするという場合、世界銀行などの理事会で行われているように、似たような意見を持つ国が議席をシェアし、それらの国が事前に意見調整を行い、一つの声で発言するというのが一般的な慣行である。しかし、アジア・

太平洋グループの諸国はほとんどが途上国に所属しており、日本と韓国のみが経済規模の大きい、工業国でありOECD加盟国である。したがって、日本と議席をシェアしようという国が非常に少ないのは容易に予想された。

最終的には、アジア・太平洋グループでは、ブータン・タイ・ベトナム、中国・インドネシア・カザフスタン、インド・パキスタン・スリランカ、ナウル・パラオ・パプアニューギニアが共同議席を組むことになり、残された国で、韓国・サウジアラビア・バングラデシュのグループと、日本・イラン・ネパールのグループができあがった。最後の2グループは、残った国同士の更なる妥協の産物として作られたグループというわけである。ただ、いかんせん、日本、イラン、ネパールというのは非常に妙な取り合わせであり、他の外交団に私が「日本はイランとネパールとトロイカを組んでいてね」と言うと、必ず笑いがもれたものである。これが、トロイカ(3頭立て)と呼ばれることになるシステムである。会議の作業方法としては、トロイカが共通ポジションを作って一カ国が代表して発言することが推奨されるが、個別に発言することを妨げるものではない、ということになった。ごく初期の段階で、私はネパールとイランと事前協議を行い、共通ポジションを作って発言をすることを試みたが、イランとはあまりに考え方が違い、かつネパールは全く乗り気ではなかったので、すぐにあきらめてしまった。それゆえ、トロイカ内の意見調整作業に時間を費やすことはなくなり、かえってありがたい面はあった。また、議席を持っている国は70カ国であったが、それ以外の国でも議論に参加し発言することは可能であった。

この時点において果たして作業部会がどのようなものになるか、ポストMDGsを決める重要な会合になるか、それとも全く意味のない、合意を作ることができない会合になるかわからなかったものと思う。しかしながら、各加盟国にとってはとりあえず議席を確保して発言権を確保しておく、ということは非常に重要なことであった。

作業部会の始まりは遅れに遅れて、リオ＋20サミットの会合が終わってから約9カ月を経た2013年3月に、ようやく第1回の会合を行えることになったのである。

議長選定の妙

国連の会議においては、議長の選定は会議の成否を決める上で非常に重要であり、そのプロセスが重要で難しければなおさら、その選定は重要になってくる。このような特別なプロセスの議長については、国連総会議長がいろいろな国、いろいろな関係者から意見を聞きながら慎重に決めるものである。通常、議長は2名で、先進国と途上国の双方から選ばれる。議長の善し悪しを決めるのは、個人の能力だけではなくて、熱意と各国からの信頼も重要な要素になる。

SDGs 作業部会の共同議長の２人

ＳＤＧｓの作業部会については、議長はケニアのマチャリア・カマウ大使と、ハンガリーのシャバ・コロシ大使の二人が任命された。カマウ大使については、国際機関の勤務経験もあり、能弁であって能力的には全く申し分のない人であったが、途上国グループの中では、先進国に取り込まれてしまうのではないか、という懸念があったようである。しかしながら、この作業部会のプロセス、その後のプロセスでも遺憾なくその能力を発揮し、各国の信頼をかちえていくのであった。一方、コロシ大使も、その誠実さで、各国の意見をよく聞き、これまた信頼をかちえていくのであった。

この作業部会での文書作りは、ずっと共同議長が主導権を握った。このやり方は、「議長がペンを握る」というやり方であり、各国の細かいコメントをすべて取り入れてドラフトが膨大なものとなりわかりにくくなるという混乱を避けて、議長が一貫性をもって文書を書くことができる。

ただし、このやり方には絶対の前提がある。それは、議長が加盟国からの信頼を得ている、ということである。当たり前の話であるが、議長がかなり偏った考えを持っている場合、あるいは議長が何らかの隠れた意図を持っている場合、議長が作る文書は信頼が置けないものになり、加盟国としては議長に文書作りを任せるわけにはいかなくなる。

もし仮に、この作業部会の合意文書作成作業を、リオ＋20サミットでやったような一言一句の交渉(ライン・バイ・ラインの交渉と呼ばれる)でやっていたら、いくら時間があっても足りず、コンセンサスを作ることはとうてい無理であったろう。

先進国対「G77プラス中国」

作業部会では２０１３年３月から２０１４年７月まで１年半、13回のセッションが行われたが、前半(２０１３年３月から２０１４年２月まで)はストック・テーキング(問題の掘り起こし)の局面、後半(２０１４年３月から７月まで)はコンセンサス・ビルディング(合意形成)の局面に分けられていた。共同議長は、ストック・テーキングに時間をかけて、実質的な議論を行うことを重視した。途上国は、彼らが得意とする一言一句の文言交渉に早く入りたがっていたが、共同議長はこれを受け入れず、各国が問題の内容を理解することに努め、かつ加盟国だけではなくいろいろなステークホルダー、ＮＧＯ、学者、民間企業などの意見も聞くことに努めた。そのようにして、相互の信頼性の向上を図ったのである。

国連には、「Ｇ77プラス中国」という途上国によるグループがあり、これが大きな力を持っている。このグループは、途上国がその交渉力を強化するために、１９６４年に77カ国により結成されたグループであり、現在では１３４カ国が所属している。この数の力でもって、先進国に対抗して交渉しているわけである。Ｇ77プラス中国は、ＭＤＧｓの反省を生かし、ＳＤＧｓは自らの手で決めなければならない、そしてＳＤＧｓ実現のための実施手段を確保しなければならない、との決意を固めていた。

このため、コンセンサス・ビルディングの局面では、通常の国連の経済交渉同様、Ｇ77プラス中国対先進国（ＯＥＣＤ諸国）という二極構造の交渉になってしまった。実施手段とは、どのようにして先進国が途上国を支援するかという問題であり、内容的には資金協力と技術協力がその中心になるわけであって、国連における経済交渉は常にこの2点に関する攻防に帰結すると言ってよい。とりわけ、資金協力においては、先進国政府が途上国支援のために供与する資金協力である政府開発援助（ＯＤＡ）が焦点であった。ＯＤＡに関しては、先進国はそのＧＮＩの0.7％をＯＤＡとして途上国に供与すべきである、という国際的なコミットメントがあり、途上国は先進国に対して、このコミットメントの実行を迫ってくることが予想された。日本としては、0.7%目標の再確認は受け入れざるを得ないにせよ、ODAの拡大について約束できる状況になく、この点が日本にとっての一つのレッドライン(絶対の防衛線)であった。

もう一つのポイントは技術協力あるいは技術移転であり、途上国は知的所有権の保護を弱め、途上国にとって有利な条件での技術移転を望むのが常であり、先進国、特に日米の立場としては、技術は民間部門が有するものであり、技術移転は相互に合意した条件の下でなされなければならない、というのが絶対に譲れない点であった。

G77プラス中国が団結を強めたことにより、大規模な経済力を持つ新興国、すなわちブラジル、インド、中国の存在が大きくなったことも指摘しておかなければならない。これらの新興国はG77プラス中国の中で指導力を発揮し、その交渉能力を背景として、強いG77プラス中国という立場を演出していった。これに伴い、G77プラス中国の立場から若干離れて、きわめて論理的な主張を展開していた当初の主導国コロンビアが力を喪失するに至った。途上国の個々の主張はG77プラス中国の大きなダイナミクスの中に飲み込まれていくことになるのである。

ゴールの数

MDGsのゴールの数は8つであった。SDGsは伝統的な開発問題のみならず、環境問題もより幅広く取り上げることになっていたので、ゴールの数は増えることが予想されていた。

国連加盟国で交渉を行うということは、各加盟国がそれぞれ好むペット・アイテムのようなゴールが出てくる可能性が高く、それを排除するのは非常に難しい、と思われた。作業部会の議論の過程で、当初2014年2月に共同議長から提示された暫定的なゴールの数は19であったが、途中の議論の過程で共同議長が16までに減らしたことがあった。その際には、途上国側が重視している、経済成長、工業化、インフラなどを合体して一つのゴールにしたために、途上国、特にブラジルが強烈に反発し、共同議長がさらにゴールを減らすのが難しくなった面がある。

そもそもリオ＋20サミットの成果文書においては、SDGsは「限られた数」のゴールとすべし、とされていることもあり、先進国側は、日本も含めて、ゴールの数を減らしたいと考えていた。非公式な会話の中では12ぐらいが限度ではないか、ということを言ってはいたが、なかなか現実問題として減らすのは難しかった。例えば、上記の通り、経済成長、工業化などは途上国が経済発展のために重視していたし、持続可能な消費と生産は、ブラジルが先進国の消費と生産を批判することができるテーマであったがために重視していた。またさらに、海洋資源および海については、太平洋諸国などの島嶼国が強く主張しており、それらの国から反発を受けるのを恐れて表だって反対することは難しかった。

結局のところ、共同議長は、最終的なゴールを予断するものではないと言っていたが、最初に提示した暫定的なゴールがあまり変わることはなく、最終的な報告書に17個のゴールとして残った。17個でも多いと感じていた国は多かったが、途上国、国際機関、NGOの不興を買ってまで減らすことに努力する国もあまりなかったのが実情である。また、ターゲットに至っては、総計で169にまでなってしまった。MDGsではターゲットの数は21であったから、いかに増えたかわかろうというものである。

ターゲットが増えた理由としては、実施手段に関するゴール17のみならず、各ゴールにそれぞれ実施手段に関するターゲットが必要であると、G77プラス中国が強く主張したためである。この点については、日本も含めて、先進国側は、SDGsにおいては各ゴールの間の相互関連性が重要であり、各ゴールで実施手段を独立に扱うのではなく、ゴール17でまとめて扱うべきである、と主張して反対した。しかしながら、G77プラス中国の強硬な立場の前に、力及ばず妥協せざるを得ないこととなった。それゆえに、各ゴールの中に、1.1や1.2というターゲットと、1.aや1.bといったアルファベットがついたターゲットの2種類が混在しているのである。アルファベットがついているターゲットが、それぞれのゴールにおける実施手段のターゲット、というわけである。

最ももめたゴール13

ゴール13となる気候変動は、独立のゴールを設けるか否か、最ももめたゴールの一つである。

第一に、作業部会がその任務を終了して報告書が提出されるのが２０１４年9月までであり、そしてＳＤＧｓおよびポスト２０１５年開発アジェンダが決定されるのが２０１５年9月とされていた。一方、気候変動交渉においては、２０１５年12月のパリでのＣＯＰ21において、京都議定書の後の枠組み、２０２０年以降の枠組みが合意されることになっていた。ＣＯＰ21の3カ月前に、パリでの合意の内容を想定してゴールを作ることは不可能であった。

第二に、気候変動交渉は、ニューヨークがベースの交渉ではなく、ＳＤＧｓとは別プロセスで、別の交渉官により交渉が行われていた。気候変動の交渉官自身がニューヨークからの介入を非常に嫌っており、ニューヨークの交渉官がＳＤＧｓで不適切な合意をして、その結果、パリのＣＯＰ21に影響を与えることは絶対に避けたい、ということであったのである。それゆえ、気候変動のゴールをＳＤＧｓにおいて作ることは、先進国、途上国どちらのサイドに有利になるかわからないので交渉戦略上リスクが非常に高い、と多くの国が考えていたわけである。そして、ロシアなどいくつかの国はそもそも気候変動に対して懐疑的、あるいは否定的な立場を取っており、独立のゴールは必要ないと考えていた。

以上のような否定的な要素に反して、なぜ気候変動が最終的に独立のゴールとして合意されることになったかというと、市民社会、学界からの強い支持があったからである。２０１３〜14年に至り、気候変動のリスクについての認識は非常に強まり、気候変動は現実に起きている現象であり、２０３０年に向けて持続可能な開発における最大の問題と言えるほどになってきていた。共同議長は、市民社会、学者たちなどと頻繁に意見交換を行い、彼らの意見を徴していた。そういう状況で、共同議長はかなり強い意思を持って、気候変動についての独立のゴールは必要である、そうしないとＳＤＧｓ全体の信頼性が問われる、と考えていた。彼らの強いリーダーシップの下に、気候変動のゴールは独立のものとして合意されたということである。共同議長のコロシ大使が、「自分の娘は気候変動ゴールを強く主張しており、これに合意できなければ娘にあわせる顔がない」と半分本気、半分冗談で述べていたことも思い出深い。

今にして考えれば、気候変動の独立ゴールを設けたことは非常に正しい判断であった。毎年、大気中の二酸化炭素濃度は記録更新され、年間平均気温の最高記録を更新している現在の地球環境では、気候変動は現実かつ明白な危険であり、２０３０年に至ればどのくらい大きなリスクになっているのかわからない。また、２０１４年7月の作業部会の最終局面ではパリでの合意ができるのかまだわからない状況であったが、同年11月には米国と中国が気候変動に関して合意を行い、翌年のパリでのＣＯＰ21に向けて大きな道すじを作った。もし気候変動に関するゴールがなければ、ＳＤＧｓに対する信頼性が大きく損なわれたというのはその通りであった。

残念なのは、気候変動のゴール、とりわけターゲットの内容と実際の気候変動交渉での合意との間ではかなりのずれがある点である。すなわち、ＳＤＧｓのターゲットは具体性を欠き、短期的な目標にとどまっている。将来的に、このゴールのフォローアップ、実施状況を検証する上で不都合が生じると思うのであるが、パリ協定の合意の1年以上前の時点では致し方なかったのかとも思う。結局、大方の人々にとっては、17のゴールが何であるか、ということが重要であり、１６９にもなってしまったターゲットの内容までは強い関心はない、ということであろう。

ゴール16は持続可能な開発の一部か否か

ゴール16となる平和で包摂的な社会は、気候変動と並んで、最も紛糾したゴールである。その理由は、持続可能な開発に関する伝統的な考え方からすれば対象とはならないテーマだからである。持続可能な開発は、社会・経済・環境の3つの側面を統合するとされているが、平和的な社会の概念は、国連の分類法では政治・安全保障の分野に入るので持続可能な開発の範疇には入らない、ということである。

これに対して、先進国など推進派が強く主張したのは、持続可能な開発を達成するためには平和的な社会がその根本として必要になる、という点である。とりわけ、当時の英国のキャメロン首相は、開発の基礎は、説明責任を果たす効果的な政治体制にある、という考えを強く推進していた。しかしながら、一部の国、特にロシアは、開発の問題に政治的な問題が入り込むことに強く反対していた。途上国の中で、主流派に対して敢然と反旗を翻したのが東ティモールであった。東ティモールは2002年に独立した、非常に若い、かつ小さい国である。1999年にインドネシアから独立するか否かについて住民投票を行った後、国内が騒乱状態になり、国土がほとんど焦土と化した国である。その東ティモールが、非常に小さい国であり発言力も小さいにもかかわらず、自国の経験から、平和的な社会に関する独立ゴールが必要であると堂々と主張したのである。そしてその声は島嶼国、ベニン、リベリア等のアフリカ諸国の共感と支持を呼ぶに至った。

この問題については、作業部会の最終会合になってもまだ解決を見ることはできず、結局この問題のみを議論する少人数会合が開催され、徐々にお互いに歩み寄りが行われた。先進国側は良い統治と平和的な社会それぞれに一つの独立ゴールを作るべしと主張していたが、それを取り下げ、反対派も中国がまず譲歩を見せたこともあり、平和的な社会についての独立ゴールはやむなし、ということで妥協が成立することになった。

2014年7月、最後の作業部会

作業部会の最終会合は2014年7月の2週間が予定されていた。果たしてこの最終会合で決着して、SDGsのゴールとターゲットに合意することができるのか、ということが事前段階では大きな疑問であった。この点、私の東京の部下たちはかなり懐疑的であった。合意はできないであろう、できたとしても難しい論点については先送りになるのではないか、どのみち最終的に開発アジェンダが採択されるのは1年以上も先の2015年の9月で、まだ時間はあるという見方が多かった。大きな問題として、上述の通り、気候変動ゴール、平和的社会のゴールが残っていたし、そのほかの論点も多く残されていた。これらが2週間足らずの会合で簡単に片づくと思えなくとも不思議ではなかったであろう。

実際、二人の共同議長の間でも意見の相違があり、カマウ大使はこの会合で結論を出すことを強く主張し、米国やEUに圧力をかけられていたコロシ大使は結論を先延ばしにすることに傾いていたようである。しかしながら、最終的にはコロシ大使もこの会合で結論を出すことを決断するに至るのである。

会合の最終日は7月18日の金曜日であった。この日に、共同議長が改めて改定版テキストを提示の上、コメントは最小限にすべきであると述べたが、日本を含め、まだテキストに不満のある各国からいろいろなコメントが相次いでいた。国連の会合の常であるが、最終日の夜になっても決着することはない。各国とも徹夜覚悟で交渉しており、ここからは体力勝負の世界に入ってくるのであり、体力がなくなれば気力もなえて主張も弱くなる、というわけである。

すべての議論が終わったのが7月19日土曜日の午前4時ごろであった。共同議長は、19日の朝に再開する、その前に改定版のテキストを提示すると述べて、いったん会議を中断した。午前8時ごろ、議長の改定テキストが出たので精査すると、概ね想定の範囲内であり懸念がないわけではないが、全体として絶対に反対するような内容ではないと判断された。他の国はどうかと見ると、米国はかなり不満があるようであったが、欧州諸国はそれぞれ懸念を持つけれども強い反対はない、という感じであった。

会合は、午前10時半に再開された。

共同議長は、現在のテキストが最終版でありこれをそのまま採択して総会に送付したい、というのが自分たちの意図であるが、まず各国の意見を聞きたい、として各国の発言を求めた。自国の宗教上の観点からセクシュアル・リプロダクティブ・ヘルス／ライツ（SRHR）の問題に強い不満を持つイスラム諸国がまず発言を求め、このままではコンセンサスにはならない、もう少し議論をすべし、と発言が相次いだ。このセクシュアル・リプロダクティブ・ヘルス／ライツとは、1994年9月にエジプトのカイロで開催された国際人口開発会議（ICPD）において採択された行動計画で定義された人口や女性の健康に関する政策概念である。この概念は、北欧諸国など、これを強く推進する国と、イスラム諸国や一部キリスト教国など、宗教上の理由から権利の言及に反対する国との間で伝統的対立があり、この種の国際会議での合意文書では必ずもめる論点であった。

これらに対して、共同議長は、この場は報告書の採択の場であり、議論を再度オープンする意図はない、との立場を堅持していた。これに対して、各先進国からは、懸念はあるけれども共同議長を支持する、これをこのまま総会に送るべし、と述べた。米国は単独で発言し、多くの懸念を述べて、これが現在の議論の状況を示すものであり、これはこれとして次のプロセス、ポスト2015年開発アジェンダのプロセスに行くべきであると述べた。

Ｇ77プラス中国の諸国の中からも、いろいろな留保は付しつつもこのまま次の段階に行くべきである、次のプロセスの良いベースになるという声が出てきた。とりわけ、中国、ブラジル、インドなどがそのようなアプローチを支持した。

私からは、「現在のテキストのゴール、ターゲットは十分に野心的なものであると思うが、残念ながら短いものにはならなかった。また、日本としては、途上国と先進国の区別に関する記述、気候変動のゴールの内容、平和的社会のゴールの内容、実施手段の内容、漁業補助金の記述などに重大な懸念がある。しかしながら現在の作業部会の局面を終えて、次の段階に移るべきであり、共同議長の意図を支持する」と述べた。そして最後に、「我々のトロイカの同僚、イランとネパールに感謝する。我々は調整こそしなかったが、協力と友情は持っていた」と述べたところ、驚いたことに満場の拍手喝采を得た。最も妙な取り合わせのトロイカと呼ばれていた我々のグループが認知された、ということでもあったろう。

そしてその後も発言は続き、12時を超えてもまだはるかに続く気配であった。これからどのくらい続くのだろうか、とややうんざりしてきたところ、ルーマニアの交渉官の発言を受けて、突然、共同議長の一人、カマウ大使が、「いろいろ各国の発言を聞いたが、自分と共同議長のコロシ大使は、ここでこの報告書を採択することを決意し、その旨決定する」と述べてガベル

(議長用の木槌)を振り下ろしてしまった。皆唖然とするとともに、私も含めた大方の交渉官たちは立ち上がって大いに拍手喝采した。しかし、まだ発言を待っていた国(ほとんどは不満を持っているイスラム諸国)もおり、彼らは憮然、あるいは憤然としていたが、全体としては現在のドラフトを採択して総会に送るということでそのまま会合が終わってしまった。そして共同議長は、そのまま壇上から裏口を抜けて会議場から消えてしまった。おそらく、議論を突然切られたことでおさまらない交渉官たちが壇上に駆け寄って抗議するのを避けるためであったろう。

かなり強引な終わり方であったが、徹夜続きで疲弊していた身にとってはありがたいことであった。いずれにせよ、議長は時としてこのように強引なことをやらなければならない、ということであったと思う。また、議長は誰をどの順番で発言させるか、ということを注意深く観察しており、議論にずっと真剣に関与していた人間にはきちんと発言させようとしていた。最後までもめていたセクシュアル・リプロダクティブ・ヘルス/ライツの問題はどの国にとっても引けない問題であり、あれ以上議論を行ってもどこにもいかない、というのはある程度わかっていたことである。

動かせなくなったゴールとターゲット

以上の通り、SDGsオープン作業部会では、SDGsのゴールとターゲットの案を作ることに成功し、2014年9月にこれを報告書として国連総会に提出することになった。作業部会の終結から1カ月がたち、G77プラス中国の諸国のみならず、日本も含めた多くの国は、各国それぞれに都合の悪い部分を留保することとして、その旨を紙の形で事務局に提出することとしたのである。かなり意外なことであったが、その結果、G77プラス中国の諸国は、作業部会で決まったゴールとターゲットを変更することにきわめて消極的になったのである。G77プラス中国の各国も、多かれ少なかれ自分たちが好むゴール、ターゲットがとれたので、これを再交渉するとなるととれたものを失うリスクが高くなる、好まないものはすでに留保を表明しているので問題がない、と判断したのである。

作業部会がこの合意されたゴールとターゲットを報告書として総会に提出するにあたり、どのような表現を使うか、ということが各国の間で議論になった。結論として、「作業部会の提案はポスト2015年開発アジェンダにSDGsを統合するための唯一の基礎にならなければならない」という表現となり、これが決議として採択された。

これはかなり重要な転機であった。この決議の採択によって、作業部会で決定したゴールとターゲットはほぼ変更不可能となり、かつ、今後ゴールとターゲットに他の要素を入れようとしても常にG77プラス中国から反対されることになったからである。また、SDGsがポストMDGsそのものになるということが確定したことにもなった。長らくSDGsとポストMDGsの関係が議論になっていたが、ここで完全に合一化したと考えてよい。

しかしながら、先進国のうち、米国はゴールとターゲットをまだ修正することを考えていたし、英国はそもそもゴールの数を減らしたいと考えていた。これに対して、G77プラス中国はゴールとターゲットに手を入れることを全く考えておらず、かつ、先進国の中でもドイツ、フランスなどはゴールとターゲットに修正を加えようとするとかえって失うものが多い、と考えていたのである。

加えて、NGOなどの他のステークホルダーも、一応SDGs作業部会によってある程度とれるものはとれた、と考えており、もしゴールを削減しようとすると自分たちがこだわっていたものが失われる可能性があると考え、同様にゴール、ターゲットの修正には消極的になっていった。そして米国と英国もその声を小さくせざるを得なくなった。

ポスト2015年開発アジェンダ最終交渉

2015年7月、ニューヨークにおいていよいよ、ポスト2015年開発アジェンダの最終交渉を迎えることになった。しかしながら、国連の交渉の常として、最後の交渉の最後の局面に至るまで問題は多く残されており、最終的に全部まとめて解決され、合意に至らなければならない。よく言われるとおり、「すべてが合意されるまで何も合意されていない」のである。これまでの交渉において、全体の構成は、宣言、目標、実施手段、フォローアップとレビューという四部構成になることが合意されていた（その後最後の交渉過程で序文が追加されることになった）。しかしながら、前述の通り、目標の内容であるゴールとターゲットには手をつけることができなかったので、宣言、実施手段、フォローアップとレビューが議論の要点であった。

ゴールとターゲットに関して一つ残されていた問題が、ターゲットの修正であった。作業部会で作成されたターゲットには、目標数値が決められず、「Xパーセント」「Yパーセント」と書かれている部分が9カ所あった。これらは、ポスト2015年開発アジェンダのプロセスにゆだねることとされたものであり、少なくともこれらの修正は行わなければならない、ということは衆知の事実であり、「XY問題」として認識されていた。

これに対して、最後の局面において、さすがにG77プラス中国もこれらXYについてのターゲットの修正は認めることとしたが、それ以外のターゲットの修正は絶対に認めない、との立場をとった。結果的に、これらのターゲット、XあるいはYについては依然として数字を決めることはできず、「相当の」(substantially)の語に置き換えられることになる。

結果として、例外的にターゲットが修正されたものがいくつかある。そのうちの大部分は土壇場での妥協によるものだが、日本にとって大きな課題であったのは、仙台での国連世界防災会議での結論と整合性をとるための、防災のターゲット11・5と11・bの修正であった。

なお、問題になったわけではないが、目標年がないターゲットがいくつかある。具体的には、ゴール5のジェンダー平等に関わるターゲットについてはすべて年限が書いていない。これは目標年がないのではなくて、すぐに実施しなければならないという意味で目標年が書かれていないのである。このことは、交渉中に共同議長であったカマウ大使が明言していたのでよく覚えている。

結末は完璧なコンセンサス

最後の交渉は、7月20日から31日までと予定されていたが、各国ともどうせ最後は徹夜になる、31日が最終日ではあるが翌8月1日土曜日までずれ込む、と見ているがためになかなか議論は収束しなかった。

交渉最終日31日に至っても合意が成立する見通しはなかった。この日の午後、米国常駐代表、サマンサ・パワー大使が登場して、ステートメントを行った。私が2012年からニューヨークの交渉に参加してきて、米国の閣僚級であるパワー大使がこの一連の交渉に参加したのを見たのはこれが最初であり、最後であった。しかしながら、その発言を聞けば、誰の耳にも、米国が今日中に譲歩を行って合意に至る考えがないことは明らかであった。各国とも失望したと思うが(私もそうであった)、米国がコンセンサスに入らなければ全体がまとまらない、というのもこれまた現実であった。

31日夕刻、さらに新たなドラフトが配付され、その日の夜全体会合が開催されたが進展はそれほど見られないまま翌日朝4時半に終了した。

8月1日午前中は何らの会合も行われず、関係国が断続的に話し合っている状態であった。午後になり、カマウ大使が少数国を集めて会合を開催したところ、ここで初めて、米国の首席交渉官が、米国としては交渉を終わらせる用意あり、と発言を行った。私はこれを聞いて、かなり安心した覚えがある。各国とも感じていたことは、結局米国が譲歩してコンセンサスに入らない限りはこの交渉は終わらない、ということであった。

そして、日付が変わって2日日曜日の0時過ぎ、新たなドラフトが提出された。

2日の朝は、新規ドラフトをめぐって各国が協議を行い、G77プラス中国の内部では調整会合が開催されていた。前日、米国が交渉を終わらせる意向を示しており、かつ、欧州から来ている出張者たちはこの日の夕刻にニューヨークを離れることが予定されていたため、今日中に片づけなければならない、とほとんどの交渉官たちは認識していた。それゆえ、残された問題を今日の夕方までに全力で片づけなければならない、ということは自明であった。

この8月2日午前中は、ほとんどの交渉官が国連ビル2階の経済社会理事会の会議場の前の廊下にたむろし、それぞれハドルを組んでいた。ハドルとは、国連交渉でしばしば見られる交渉形態であり、短時間で物事を決めなければならないとき、会議場の中で関係者が集まって立って協議するやり方である。そのハドルの間を共同議長の一人、カマウ大使は各国の間を周旋して、全力で調整していた。このときの状況はかなり壮観であった。重要な問題が残っていない国にとっては全体会合が始まるまでの時間つぶしに近く、スマートフォンで記念撮影をしたりしていた。そのかたわらで、米国の交渉官たちは血眼になってハドルで議論をしている状態であった。このような不思議な光景を私は未だに見たことがなかったし、そして今後も見ることはないだろうと思っている。

午後2時から全体会合が開催され、新たなドラフトが配付され、共同議長は各国に検討の時間を与えると発言し、いったん休会した。そのうちに、遺伝資源の利用に関するターゲット

15・6が議論のないままに米国の主張を入れて修正されていることに一部の国が気づき、生物多様性条約の国際約束との関係で問題があると指摘する声が増えてきて、会議場内でハドルができ、一方においてアラブ・グループがパレスチナ関係の外国占領問題を蒸し返して米国と再交渉することになった。一時はコンセンサスが危ういのでは、と思われたがなんとか決着し、午後4時40分から全体会合を再開した。

ハドルでの交渉(Ryan Lee Hom 氏提供)

まずG77プラス中国を代表して南アフリカ共和国大使が発言し、このドラフトを支持すると言明して大喝采を受ける。次いでEUなどの各グループ、日本を含めた各国がいずれもドラフトを支持しコンセンサスに入ると発言した。ここでカマウ大使より、正式に「2030アジェンダ」を採択すると発言し、もう一人の議長のドノヒュー・アイルランド大使とともにガベルを振り下ろした。どこの国からも異論の出ない、完璧なコンセンサスである。各国ともスタンディング・オベーションをし、しばらく熱狂が続いた。時に8月2日午後6時25分であった。

壇上に上がっていた、国連事務局のスザンナ・マルコラ官房長(事務総長も副事務総長も不在であったので事務局を代表して彼女が来ていた。ちなみに、彼女はその後アルゼンチンの外相となり、2016年の国連事務総長選挙で同国からの候補となった)が、SDGsの実施は国連の中心的な業務になっていく、そのために国連はより適切な組織に変革すると発言し、同席していたナイジェリア出身のアミーナ・モハメッド(ポスト2015年開発アジェンダ担当事務次長補(当時))は感極まって泣いていた。アミーナは、常々、この仕事が終わったら自分は母国に戻ってこのSDGsの実施に取り組む、国連に残ることはない、と述べており、その通りに2015年の末にナイジェリアに戻って環境大臣に就任した。しかし、2017年2月に、グテレス新事務総長に請われて副事務総長に就任してまた国連に戻ってくることになる。

その後も各国の発言は続き、最後に「最後の発言者を聞いた、スピーカーズ・リストにはどの国も残っていない」とカマウ大使が述べて、終了を宣告したのが午後7時40分であった。ここで、3年半にわたる交渉のプロセスは無事に完結したのである。

2015年は国連およびマルチラテラリズム(多国間主義)にとって輝かしい年であった。9月にニューヨークにおいてSDGsが合意され、12月に気候変動交渉におけるパリ合意が成立したことが二大ハイライトである。それだけではなく、その前に、仙台での国連世界防災会議およびエチオピアのアディスアベバでの開発資金会議においても合意が形成され、この年の一連の大きな国際会議は成功を見たわけである。久しく低調と思われていた国連はここで輝きを取り戻したかに思えた。実際、交渉に関与していた我々も自信を取り戻し、成し遂げた合意を誇りに思ったものである。

3　先進国と途上国との二分法を超えて

CBDR

今から考えてみると、私がものすごく力を注いだのは、先進国と途上国との二分法に反対することであったと思う。持続可能な開発の議論においては、先進国と途上国の二分法を認める概念が1992年のリオ・サミットで合意されている。それが、「共通だが差異ある責任」(CBDR　Common but Differentiated Responsibility)という概念である。国連では、こうした一般名詞が固定化した概念も、頭文字をとって略語で表記することが多い。以下、「共通だが差異ある責任」について、CBDRと表記することにする。

CBDRは、1992年リオ・サミットで合意されたリオ原則のうち、第7番目の原則である。「地球環境の悪化への異なった寄与という観点から、各国は共通だが差異ある責任を有する」というものである。これは、環境悪化に関して、これまで開発を続けてきた先進国が主たる責任を負い、途上国は責任を負わない、ということを意味している。しかしながら、1992年から20年以上がたち、その間、先進国以外の国、特に中国が大幅に経済発展し、世界最大の二酸化炭素排出国(全体の28%)となっている状況では、途上国がすべて免責される、というのでは全く理屈に合わない。加えて、国連においては途上国についての定義はなく、日本よりはるかに一人当たりGDPが大きいシンガポールやカタールもG77プラス中国のメンバーとして途上国の一員である、ということになってしまっている。今日の世界では、いったいどの国が地球上の汚染、気候変動、地球温暖化、二酸化炭素排出に主たる責任を負うべきか、というのは簡単ではない。

CBDRの概念は、途上国にとっては、自分たちの責任は免れ、かつ先進国の責任を追及し資金協力と技術協力を引き出すという意味で、非常にありがたい免罪符である。それがゆえに途上国はこの原則の維持に必死になるわけであり、かつ途上国を団結させる一つのマジックワードでもある。

日本が主張していたことは、先進国に全ての責任があり、途上国は全く免責されるという二分法はおかしい、それぞれの国にそれぞれ責任があり、しかし経済の大きさ、環境破壊への関与の程度などに違いがあるのは当然だから、差異化が必要、ということである。先ほど述べたように国連全体においてはどの国が先進国であり、どの国が途上国であるかということは明確ではない。ちなみに、気候変動枠組条約の場合、責任を負うべき国々は条約の中で定義されている(今日ではその定義が正しいとはもはや言えないけれども)。

以上のような問題点の指摘に対して、G77プラス中国からは全く回答がなかった。というより、答えられなかったに違いない。CBDRという魔法の言葉は、途上国を全体として守る呪文であるために、この問題に関しては表面上一致団結していたわけである。小さい途上国の人と話をすると、CBDRを振りかざして大国が責任逃れをしようとすることに強い不満を述べることがあった。しかしながら、オモテの場では彼らからそういう発言は出ないのであった。

SDGsの交渉において、G77プラス中国は、CBDRについてその適用範囲をさらに広げようとしていた。リオ原則の第7原則は、環境破壊に限定して書かれているが、SDGsが単なる環境の問題だけではなくより幅広く開発全般の目標になることに鑑み、CBDRを環境破壊だけではなくSDGs全体の原則にしよう、と目論んだわけである。その点について先進国は当然強い警戒感を持っていた。

他方、CBDRを完全に否定してしまうことはこれまた非常に危険なことではあった。前述の通り、CBDRは途上国を団結させる呪文であり、これを否定することは途上国すべてを敵に回しかねない行為であったからである。必要なことは、それぞれの国はそれぞれに差異ある責任があるということを認めさせることであった。

結論から言ってしまえば、SDGs全体の中で、CBDRは確認するものの「リオ原則の第7原則にある通り」という表現であり、CBDRを環境破壊の側面にとどめ、それ以上に大きな原則となることは阻止した、ということである。

CBDRについては、1992年に先進国は、なぜこのような譲歩を途上国に対してしたのだろうか、と時々思うことがある。おそらく、当時は冷戦が終結した直後であり、これからは国際協調の時代である、という高揚感の下で、先進国がすべての責任を自ら進んで負う、途上国、なかんずく中国やインドやブラジルが急速な工業化を達成するとも思わず、あるいは将来的に工業化を成し遂げ発展した国があれば同じように自ら責任を認めるだろうと考えて、きわめて善意の考えから譲歩を行ったのだと思う。リオ原則は全部で27あるのだが、そのほかの原則は今日では全く見向きもされない。第7原則だけ頻繁に使われるのは、途上国、とりわけ、中国、インド、ブラジルなどにとってきわめて有用だからであり、そして当面の間はずっと使われ続けるに違いない。

なぜ合意できたのか

ＳＤＧｓが国連加盟国の交渉によって、コンセンサスによる合意の上に成立したことは、画期的なことである。すでに述べたとおり、２０１２年のリオ＋20サミットの成果文書の交渉ではこの点が最後までもめていたからである。

合意に至った理由としては、２年半をかけた交渉において、加盟国がＳＤＧｓに対して強いオーナーシップを持ち始めたことが大きいと思う。ほとんどの加盟国がこの交渉に参加し、発言し、提案を行い、何らかの形で取りたいものを取れていた。そうすると、各国としてはこれまでかけた時間と労力の成果を失いたくないと考え、すべてをご破算にする、ということを回避することになる。

また、ＳＤＧｓはなんら法的に加盟国を拘束するものではないからである。しかも、オープン作業部会での決着の後、多くの国が留保事項を国連に通報して、これが受け入れられている。それゆえ、言い方は悪いけれど、ＳＤＧｓの17ゴールと１６９ターゲットのうち自国に都合の悪いものは無視して、いいとこ取りができるようになっているから、とも言える。

しかしながら、結局のところ、すべての加盟国、ステークホルダーが新しいゴールとターゲットを欲していた、ということである。このプロセスがポスト２０１５年開発アジェンダを決める唯一の政府間プロセスになっており、国際的にも注目を集めるに至っていた。ＳＤＧｓのプロセスが非常にユニークであったのは、すべての国連加盟国が参加しただけでなく、多くのステークホルダーが関与していたことである。経済界、市民社会、学者、学界、国際機関、ＮＧＯ、宗教関係者など、ＳＤＧｓに関心を持つ関係者は、いろいろな形で交渉に関与し、加盟国に働きかけを行っていた。このような状況で、関与した人々はすべて、ポスト２０１５年開発アジェンダについて合意を作らなければならない、失敗させるわけにはいかないと思っていた、ということであろう。

国連はなぜ必要か

マルチラテラリズムに対しては時として批判が聞かれる。合意するのに時間と手間がかかり、しかも大して中身のない合意が多い、ということであり、そのような側面があることは否定できない。国連はマルチラテラリズムの最たる例であり、そのような批判を正面から受けざるを得ない。なぜこのように非効率的で面倒な交渉をやらなければならないのか、なぜ国連に投資しなければならないのか、国連の意味は何であるのか、なぜ必要とされるのか、疑問に思われる方は多いことであろう。

第一に、国際社会の諸問題、とりわけ平和と安全保障の問題を解決し、世界をより安全なものとするには、何らかの会議体が必要である、ということは国際社会の大方の共通認識なのである。そのような考えの下に第一次世界大戦後に国際連盟が作られ、国際連盟が失敗した後は国際連合が作られたわけである。第二次世界大戦が終了する前からすでに国際連合に関する構想は作られ、そのための準備会議が米国のダンバートン・オークスで開かれていたということが、この考えの妥当性を示している。今後、仮に国際連合がなくなるとしても、その後継の国際機関、会議体が作られることであろう。それが効率的でないとしても、そのような国際機関、会議体は必要とされる、ということである。

第二に、国連という場において、すべての加盟国がほぼ平等の発言権を与えられているということは主権平等の原則から言えばきわめて適切なことであり、このような包摂性は国連の美質の一つである。この主権平等原則は国連の原則の一つであり、かつ現在の国際法では国家主権を最も上位においているがゆえに、誰もチャレンジできない原則である。小さい国であろうとなかろうと、この原則ゆえに、国連の場で自国の主張を大いに展開することができる。小国の場合、二国間の交渉では影響力を行使することがなかなかできないかもしれないが、国連のような場においては、自己の主張に時宜性と合理性があれば、聞く人を納得させ、賛同者を多く得て、主張を貫いていくことができる。大国とはいいがたいコロンビアがSDGsを発案して、最終的にはすべての国連加盟国が賛同する国際アジェンダになった、ということは国連のメリットをよく示しているであろう。

しかしながら、国際社会にとって国連が最も大きな意味を持つのは、その「コンビーニング・パワー」(convening power)ゆえであろう。適当な日本語訳がなかなか思いつかないのであるが、人々を集める能力、といったところであろうか。毎年9月の国連総会のハイレベルウィークには世界から多くの首脳、外務大臣が集まる。その中で多種多様な公式・非公式の会議が開かれ、国際社会の論調が作られていく。2019年の国連総会の際には、スウェーデンの16歳(当時)の環境活動家、グレタ・トゥーンベリさんが注目され、彼女の発言が大きく報道されて国際社会の世論に大きな影響力を与えた。このように、国際的に影響力を持つ人々が多く集まる場で、注目を集める人が影響を与えることができる、これこそが国連の最も強い力なのである。ハイレベルウィークに限らず、国連には多くの人々が訪れ、種々の公式の会議、サイドイベント、研究会、セミナーなどに出席していろいろな論調を作り出していく。そのような中から国際社会の流れができていき、具体的な行動につながっていくわけである。これが国連の最大の強みであり、その非効率性にもかかわらずなくならない、最も大きな理由であると思う。

多くの人が集まった中で、本当に人々の心にしみいって人々に感銘を与える発言は存在する。私が直接聞いたわけではないけれども、1992年のリオ地球サミットの際の、当時12歳のカナダ人少女であったセバン・スズキさんの、「どうやって直すのかわからないもの(地球のこと)を壊し続けるのはやめてください!」という発言は今でも語り継がれている。おそらく2019年のグレタさんの、「よくもそんなことを」という怒りの発言も今後語り継がれていくのであろう。しかし、どのようにして言葉を具体的な行動に転換することができるのか、それは発言を聞いた人々、国々の問題である。

第3章　日本のSDGs

1　政府の政策

SDGs推進本部

では、SDGsの合意を受けて、日本政府はどのような政策と体制でSDGsの達成を推進しているのであろうか。SDGsが合意されてから後の2016年6月、内閣総理大臣を本部長として、全閣僚をメンバーとするSDGs推進本部が内閣官房に設置された。この推進本部は半年に一回会合が開催され、SDGsの主流化と推進を目的としており、SDGs推進の国家戦略であるSDGs実施指針などを策定してきている。このような推進本部が内閣官房に設置されたのは非常に意義深いことである。当初、日本政府内ではSDGsはMDGsの後継である途上国の開発目標と思われており、外務省以外のほとんどの官庁はＳＤＧｓに主体的に関与する必要はないと考えていたといってよいだろう。しかしながら、ＳＤＧｓはすべての国が対象となるものであり、日本も実施しなければならない開発目標であるので、外務省のみの問題ではなく、政府全体として関与しなければならない、という認識が必要であった。この推進本部は、そのような認識の下にできたものである。

また、日本政府は、推進本部と並んで、各社会・経済セクターの意見を集約し、連携して実施を進めるという趣旨から、ＳＤＧｓ推進円卓会議を設置している。この円卓会議は、ＳＤＧｓ実施指針を策定する過程で、各セクターの意見を吸い上げるために設置されたもので、経済界、労働界、市民社会、消費者団体、国際機関、学界などからの14名の委員で構成されている。ＳＤＧｓの実施において、マルチステークホルダーの参画が重視されているが、この円卓会議はその意味で大きな役割を果たしている。

ＳＤＧｓ実施指針

内閣官房に置かれたＳＤＧｓ推進本部は２０１６年12月、ＳＤＧｓを推進する日本の国家戦略としてＳＤＧｓ実施指針を策定した。同指針は、国連で4年に一回開かれるＳＤＧｓサミット（持続可能な開発に関するハイレベル政治フォーラム（ＨＬＰＦ）の首脳会議）の年に改定されることとなっており、実際に２０１９年12月の推進本部会議で、大規模な改定を経た新しい指針が策定された。この実施指針の改定にあたっては、先述のＳＤＧｓ推進円卓会議が、ＳＤＧｓに関心を寄せる多くのステークホルダーの声を集め、まとめるうえで大きな役割を果たした。

では、改定指針の内容を見てみよう。

ＳＤＧｓの17のゴールを５つのＰ、すなわち、人間・繁栄・地球・平和・パートナーシップに分類し、それらに対応するものとして、以下の８つの優先課題を定めている。

① あらゆる人々が活躍する社会・ジェンダー平等の実現
② 健康・長寿の達成
③ 成長市場の創出、地域活性化、科学技術イノベーション
④ 持続可能で強靭な国土と質の高いインフラの整備
⑤ 省・再生可能エネルギー、防災・気候変動対策、循環型社会
⑥ 生物多様性、森林、海洋等の環境・保全
⑦ 平和と安全・安心社会の実現
⑧ ＳＤＧｓ実施推進の体制と手段

この改定された実施指針において第一に注目すべき点としては、その推進のビジョンで、「2030年までに、国内外においてSDGsを達成することを目指す」との文言が明記されていることである。この点は2016年版にはなかった文言であり、明確なステートメントであって、大きな前進であると言える。

第二に、8つの優先課題の中の筆頭に、ジェンダー平等が明確に盛り込まれた。これもまた、ジェンダーを優先課題として明記していなかった2016年版に比して大きな前進であると評価できる。

第三に、フォローアップ・レビューの在り方について明確な記述をしていることも、大きな前進であると言える。2016年版ではフォローアップ・レビューにおける政府の役割が明確になっていなかったが、新指針では、政府自身がSDGsの進捗状況に関する評価を行い、進捗が遅れている課題を洗い出し、政策の見直しを行うと明記している。

これらの改定点は、SDGs推進円卓会議を中心とした各セクターからの働きかけ、またパブリック・コメントに寄せられた多くの意見が反映されたものである。とりわけ、フォローアップ・レビューに関しては、2030年にSDGs達成を目指すためには、現時点の状況についてベースライン調査を行い、目標達成に重きを置いたロードマップを策定してSDGsを推進するバックキャスティングの考えを入れることは必須であるとの、市民社会、経済界、学界など幅広いステークホルダーからの強い要望があった。この結果、改定実施指針においては、バックキャスティングについても言及された形で、進捗状況の評価について政府自身が行うとの記述が盛り込まれたのである。

SDGsアクションプラン

この実施指針のもとに、日本政府においては、毎年ＳＤＧｓアクションプランが策定されており、各省のＳＤＧｓに対する施策をまとめている。このアクションプランで提示されているのが日本のＳＤＧｓモデルである。このモデルでは、①ビジネスとイノベーション、ＳＤＧｓと連動するソサエティ5.0の推進、②ＳＤＧｓを原動力とした地方創生、強靱かつ環境に優しい魅力的なまちづくり、③ＳＤＧｓの担い手としての次世代・女性のエンパワーメントが三本柱として立てられている。しかしながら、これらを見ていくといくつかの課題も浮かび上がってくる。

第一の柱で大きく打ち出されているのが「ソサエティ5.0」であるが、これは、政府の第5期科学技術基本計画で打ち出された概念である。ＡＩやビッグデータ解析などの情報通信技術革新や電気自動車などの輸送技術革新で構成される第4次産業革命(インダストリー4.0)によって生み出される社会を意味する。この基本計画では、ソサエティ5.0を「経済発展と社会的課題の解決を両立する、人間中心の社会」と定義している。ここに見られるのは、技術革新が社会的課題を解決してくれるという科学技術に対する信頼と、技術革新がもたらしうる新たな種々の問題に対する楽観論ではないだろうか。確かに技術革新により我々の社会は大幅に変革することが予想されるし、多くの問題が解決に導かれるであろう。しかしながら、科学技術の発展によって現在および将来社会が直面するすべての問題が解決する、というような安易な楽観論は慎むべきではないだろうか。

第二に、「地方創生SDGs」は地方自治体によっては非常に進んでいるといえる。神奈川県や愛知県のような大きな県から、横浜市、岡山市のような政令指定都市、さらには岡山県西粟倉村や北海道下川町のような町村に至るまで、年間30程度の特色ある地方自治体づくりが評価され、政府から「SDGs未来都市」として認定されている。問題は、このような地方創生SDGsと科学技術イノベーションをどのように両立させていくのか、ということであろう。

第三の柱の、「次世代・女性のエンパワーメント」は、誰一人取り残さない社会を目指すフレームワークになるものであり、きわめて重要である。この面での課題は、アベノミクスで打ち出された「働き方改革」や「女性活躍の推進」を超えるような具体的な政策をどのように形成していけるのか、ということであろう。

ＳＤＧｓには過去の類似の目標にない新しいエンジンがある。それは社会の様々な場所からＳＤＧｓに参画する「チェンジメーカー」たちである。まずは地域を変える取り組みを追う。

2　地域の持続可能性を見据えて

「日本のＳＤＧｓモデル」の三本柱の中で、最も進んでいるのが2本目の「地方創生ＳＤＧｓ」であるが、これはとりもなおさず、日本の持続可能性を考えるうえで、地域の持続可能性の問題が最も困難であり、その分、注目されてもいるということを表す。少子高齢化の進行により、日本は２００８年、ついに人口減少過程に突入した。２０１７年段階での高齢化率(65歳以上の高齢者の割合)は27・3％、ＳＤＧｓの期限である２０３０年には、日本の人口は1億２０００万人を切り、高齢化率も31・7％に上昇すると言われている。最も深刻な状況に置かれているのは中山間地域である。日本の国土の65％を占める中山間地域の高齢化率は２０１０年の段階でも31・1％に達している。人口減少と高齢化率の上昇とともに、中山間地域にある多くの集落が存続できなくなり、国土交通省等の調査によれば、２０１２年から２０１６年までの5年間で、約１９０の集落が消滅したとされる。地方都市や大都市も、少子高齢化の脅威にさらされている。「持続可能性」の問題で、都市部で特に注目されているのは、「ニュータウン」と言われるような、高度成長期にできた団地である。これらの団地は、おなじ世代が大量に入り、その後人口転換がうまくいかなかったために、急激な高齢化が進行しているのである。

地域で急速に進行するこうした課題に取り組む二つの「ＳＤＧｓ未来都市」を紹介したい。一つは中国地方東部の拠点都市である岡山市、もう一つは鳥取県東南部の智頭《ちづ》町である。

地域の声をシステマティックに行政施策に反映

岡山県は「持続可能な開発のための教育」(ＥＳＤ)の先進県であり、２０１４年には愛知県とともに、ユネスコの「ＥＳＤに関する世界会議」を開催したこともある。私(稲場)はＥＳＤの話を聞くために、岡山ＮＰＯセンターが岡山市の委託事業として運営している「岡山ＥＳＤ・市民協働推進センター」のセンター長を務める高平亮さんを訪ねた。

高平さんによると、岡山市でＥＳＤ活動が盛んになったのは、２００５年の「岡山ＥＳＤプロジェクト」発足が契機となっており、ＥＳＤの推進を通じて市民と行政の協働が生まれる土壊が整備されていった。同時期、「岡山市協働のまちづくり条例」を、実際にＮＰＯや市民との協働を可能にするものに作り替えるための取り組みが、岡山ＮＰＯセンターを中心に２０１２年から起動し始めた。この背景には、２００９年に岡山市が政令指定都市となったことと、２０１２年にＮＰＯ法人法の改正により、岡山市が地域のＮＰＯ法人の認証・認定の所轄庁になったことがある。さらに、２０１３年にＮＰＯとの協働を重要視する大森雅夫市長が当選し、大森市政がＮＰＯとの連携を積極的に進める姿勢をとったことも、一つの後押しになった。そこで２０１４年に誕生したのが、岡山市ＥＳＤ・市民協働推進センターである。

同時に、「協働のまちづくり条例」を、本当に市民との協働が可能な条例に作り替えるために、公募で選ばれた委員で作る岡山市・ＮＰＯ協働推進協議会を中心に、市民主体で「岡山市の協働条例を考える」フォーラムが3回開催され、その成果として、条例の「見直し市民案」が、同協議会の座長を務めた岡山ＮＰＯセンターの石原達也代表理事から、大森市長に手渡された。その後、精緻な条例形成プロセスを経て、２０１５年12月、岡山市協働のまちづくり条例の全部改正が実現したのである。

市民主体での条例改正の実現により、ＥＳＤ・市民協働推進センターは実際に、市民と行政との協働を具体的に作り出す役割を果たすことになった。高平さんは言う。「こうした機関を設置する場合は、まず建物などの「ハコ」ありきの発想が多かったのですが、このセンターは違います。岡山NPOセンターのスタッフが協働をコーディネイトすることが主要な機能となっており、年間予算は約1500万円で常勤3名、非常勤2名程度の体制を敷いています。実施の中核は「市民協働推進モデル事業」という名前の事業補助で、複数年のサイクルで、協働事業を実施しています」。実際、「岡山式」のスタイルは、かなり工夫されたものになっている。まず、市民、民間企業に加えて、岡山市の行政部署も、協働事業の提案ができることになっている。事業を発案したい市民はまず、米国のコミュニティ・オーガナイジングの手法を伝えるNPOである「コミュニティ・オーガナイジング・ジャパン」が担う研修を受ける。「こうした企画を提案する市民は、えてして、他人を巻き込むのが苦手な人が多いのです。しかし、事業というのは、いろんな人を巻き込まないと成功しません。ですから、まず、コミュニティ・オーガナイジングの研修で、人を巻き込む方法を学んでもらいます」と高平さん。たしかに、一理ある話である。そのうえで、今度は、その提案に関係あるステークホルダーを集めて、ワークショップをする。このワークショップで、課題の共有と分析をして、事業を立案する。そのうえで、ニーズ調査、モデル事業の実施を経て、一年間をかけて、事業化にこぎつけるのである。ここで特徴的なのは、モデル事業化の段階で、200万円までの予算が付くこと。この市民協働推進モデル事業には、年間4〜9件の応募があり、このプロセスを経て約8割がモデル事業までは行く。結果として、行政の施策となるのは、年間2〜3事業、とのことである。

地域の社会的課題に直面し、解決につなげたい市民が、市が設置する市民協働推進センターでコミュニティ・オーガナイジングの手法を学び、課題解決を提案し、関係者全員を集め、モデル事業に持っていく。それに市の予算が付き、最終的に、市の事業として事業化される。これが年間を通じたサイクルとして回り、市民提案事業が年間、少なくとも数本、行政と市民の協働事業として実装される。実装された事業は、岡山のＬＧＢＴの人権に関わる事業、慢性疾病を抱える子どもの自立を目指す学習・復学支援、交流を支援する場づくりの事業など、多様である。先に紹介したＳＤＧｓターゲット16・7は、「あらゆるレベルにおいて、対応的、包摂的、参画型で代表制に基づく意思決定を確保する」と規定するが、社会課題に直面する市民をエンパワーし、年間を通じた参加型のワークショップや調査、モデル事業化を通じて、市の行政施策に実装していく、岡山市の市民協働推進モデル事業は、市民自身が作り上げた協働のまちづくり条例と相まって、この参加型意思決定の精神を体現している。

「移動」の問題に自ら取り組む

みんなが抱える問題を、住民たちが力を合わせて調査し、地方自治体とも連携して自ら取り組むことで、解決策を見出した実例がある。その舞台は、岡山県南西部に位置する浅口《あさくち》市にある、みどりヶ丘団地。課題は、高齢者の移動手段をどう確保するか。先に紹介したＥＳＤ・市民協働推進センターを担っている岡山ＮＰＯセンターの姉妹団体「みんなの集落研究所」などが触媒となり、住民たちが自ら解決を担ったケースである。

みどりヶ丘団地は、岡山から山陽本線で西に40分ほどの鴨方《かもがた》駅から北に３キロほど行った丘陵地帯に、１９７４年に開かれた団地である。ちょうど高度成長期の終わりの時期に、近隣の工業地域に通勤する人々の住居として開かれ、たくさんの一戸建て家屋が丘陵の南側を埋めている。日当たりもよく快適そうな団地だが、確かに、駅から歩くには相当遠い。この団地の、ちょうど交差点のところにある「いきいきプラザ」で、みどりヶ丘団地の高齢者の移動手段確保に取り組んでいる「みどりヶ丘　イキイキグループ」の大畑章雄さん、宮本紀子さん、國本樹洋さんの３人が待ってくれていた。このプラザは、ちょっとした打ち合わせや会合をするにはもってこいのところで、団地の人たちが作った手芸品や絵画、美術品が並べられている。

団地の高齢化問題は多くの地域で指摘されている。ちょうど造成された時に入ってきた人たちが高齢化する一方、新しい人たちを入れる新陳代謝がうまくいかず、団地の高齢化率が極度に上がってしまうのである。この団地も例外ではなく、２０１５年には高齢化率が44・5％に達した。大畑さん、宮本さん、國本さんの３人は、いずれも町内会の役員をする中で、高齢化がいかに大変かを実感することとなった。町内会は任期があり、１～２年で交代するので、地域の課題の解決は難しい。そこで、継続した活動を行うために、任期を終えた町内会役員たち９名で「イキイキグループ」という名前の有志団体を作り、高齢化の問題に対処しようと、まず、地域の人たちにアンケートをとってみた。困りごとというのはたくさんあるが、「本当に困っていること」を知るために、「重要度」と「満足度」をとり、クロス集計をした。アンケートを作るのに協力してくれたのが、浅口市役所の地域創造課に入っている「地域おこし協力隊」の隊員で、アンケートの集計には、「みんなの集落研究所」が協力してくれた。アンケートは中学生以上の１３００人を対象にし、80％から回答を得られた。やはり買い物や病院などへの「移動手段」が、最大の課題だった。３年前に地元のバス会社が倒産して以降、この団地とショッピングセンターや病院、駅などをむすぶ公共交通機関は、週３日のみと本数が少なく不便な市営のコミュニティバスしかない。では、自分たちがやるとしたら、何が可能なのか？

そこでイキイキグループは、みんなの集落研究所に相談し、県内の先進地を視察した。県の東部にある吉永町（現・備前市）では、県の支援で車を導入し、タクシーの運転手が輸送サービスを実施しているが、同じやり方でやる場合、いくつか支障があった。事業として行う場合は、まず地域のタクシー会社などと協議会を開催する必要がある。浅口市周辺にはタクシー会社が4社あるが、協議会はまだ発足していない。また、浅口市は地域性の異なる鴨方町、金光《こんこう》町、寄島《よりしま》町の3町が対等合併した市で、市全体を考えることは時間もかかり容易ではない。そこで、いきいきプラザを拠点とする、登録・予約制の「みどりん号」による移動サービス、というコンセプトが決まってきた。

では、地域の人たちが利用しやすいのはどのようなサービスか。それを確かめるため、地域の人たちを乗せてテスト走行の実験を行った。宮本さんが言う。「そうしたら、無料だと申し訳なくて利用しにくい、という声が出てきたのよ。だから、ガソリン代を実費で負担してもらうことに」。現在は、地域の200人以上の人が登録し、地域の足として活用されている。一方、このみどりん号をおく事務所と集いの場であるプラザについては、閉店していたカラオケ喫茶を改造することにした。地域おこし協力隊員が民間企業の助成金を見つけてきたので、その資金を元手に、力を出し合って、プラザを作ることができた。宮本さんと大畑さんが声をそろえる。「資金が確保できたので、できることを持ち寄って、プラザができた。野菜や手芸品の販売もやれるようになった。一つ窓が開けば、後はみんなでできるってことがわかった」。

みどりん号のサービスが始まったのは2018年の4月。出発式には地域の人が多く参加したという。現在は順調なこのサービスだが、この先続くのか。國本さんは言う。「一番の問題は、この取り組みがすべて「無報酬」だってこと。後継者を見つけるのが大変」。今は、プラザのスペースレンタルや物品販売で経費を補っているが、十分とは言えない。そこで、市に相談したところ、移動サービスを「地域の助け合い活動」として行っていくことになり、地域福祉の予算を若干、確保してくれた。

一方、イキイキグループが独自にひねり出したアイデアの一つが、ポイント制だ。このプラザやみどりん号のボランティアを行ったら、ポイントを付けて、その分、今後サービスが受けられるようにする。宮本さんが言う。「みんな、あと10年たったらどうなるか心配なのよ」。そこで、みどりん号のように、10年たったときに自分が利用できるサービスを作って、今ボランティアをしておく。そうすれば、10年後には、10歳若い世代の人たちが、同じ動機で入ってきて、自分たちのためにボランティアをしてくれる。「こういう循環を作れば、続くサービスになるんじゃないか、と思って、ポイント制を導入しています」。運転手やプラザ運営のボランティアも、16人にまで増えた。

このみどりヶ丘団地の実践からわかることは二つある。団地に住む人たちには、自分の課題をみつけ、解決できる力も意思もある。しかし、そこにはボトルネックがある。白タク規制といった制度上のボトルネック、資金確保のボトルネック、そして、「どう力を合わせるか」という手法のボトルネックだ。それらを乗り越えれば、地域の人たちが力と知恵を持ち寄って、自分たちでサービスを作り出すことができる。ボトルネックを乗り越える上で大事なのが、みんなの集落研究所や地域おこし協力隊、地方自治体など「外部」の触媒作用だ。もう一つは、そのサービスを今後、長年にわたって続けることができる「仕組み」をどう作るかだ。サービスを一過性に終わらせないためには、世代を超えて需要と供給が循環する仕組み＝なんらかの「経済」を見える形で作る必要がある。それが、10年後にサービスを必要とする人たちが、今、サービスを提供し、10年後にそれを交換できるポイント制の導入だ。みどりヶ丘団地の人々は、少なくとも今、自らの手で作り出したサービスと、世代を超えて続けていく計画や方法を手にしている。

課題と市民をつなぐ

2018年12月、岡山で活動するNPO・NGOの有志の呼びかけにより、「岡山において

ＳＤＧｓ達成のための確かな行動を促す」ためのネットワーク、「ＳＤＧｓネットワークおかやま」が設立された。市民社会の側からＳＤＧｓを推進する役割を果たす、このネットワークを設立した立役者が、岡山ＮＰＯセンター代表理事の石原達也さんである。

最初に見たＥＳＤ・市民協働推進センターは岡山ＮＰＯセンターが担っているが、その設置根拠たる、協働のまちづくり条例を市民の手で改正する先導役となったのは石原さんである。みどりヶ丘団地の住民たちが自らの「本当の困りごと」を調べるアンケートをとった際、その解析を手掛けたのも、石原さんが代表執行役を務めるＮＰＯセンターの姉妹団体「みんなの集落研究所」だった。石原さんは、岡山の地域の取り組みに資金を出すコミュニティ財団「みんなでつくる財団おかやま」の理事(取材当時)にも名前を連ねている。政令指定都市である岡山市内から、都市近郊の団地、中山間地域まで、岡山県内で展開されている多様な市民活動をたどると、かならずこの人物に行きつくのである。その縦横無尽の行動力と発想力はどこから出てくるのか。また、彼にとってＳＤＧｓとは何なのか。

「ぼくが岡山ＮＰＯセンターに入った時は、センターはＮＰＯのネットワークのようなものでした」と石原さんは言う。入局してしばらくして、街でいろんなことに取り組んでいる人たちと一緒にやっていけるような組織にしたいと考え、ネットワークから支援組織へと、ＮＰＯ

センターを再編していった。街を見ると、町内会もあれば生協もあり、町をよくするために取り組んでいる人たちがたくさんいるが、特に互助的・共助的なグループに資金が足りない。そこで、コミュニティ財団を作ろう、ということで、30代以下の人、100人に呼びかけ人になってもらって財団を作る運動を展開し、530人から寄付を集めて「みんなでつくる財団おかやま」を立ち上げた。これと同時並行で地域支援を模索していたときに、一つの考え方にたどり着いたという。「ぼくらは、中間支援組織と名乗っていますが、中間とは「何と何の中間か」、というと、課題と、それに取り組むかもしれない市民の間をつなぐ、という意味の「中間」だと、そこを増やしていくことが大事だ、と思ったんです」。で、財団や寄付者の人たちをはじめ、課題は何かを社会に見せ、全体化するためのシンクタンクとして「みんなの集落研究所」を作ったという。

2019年、岡山NPOセンターが設立20年を迎えて、新しいスローガンとして打ち出したのが、「自然治癒力の高いまち」というスローガンだった。「行政やNPOが問題を手当てするだけでなく、企業や市民が責任を果たし、地域の自然治癒力を高める支援が必要だと思います」。しかし、政令指定都市岡山の中心街から、瀬戸内の離島、県北の山村など、場所によって問題は大きく違うはずだ。同じビジネスモデルで対応は可能なのか？　石原さんは答える。

「「自然治癒力」が大事だと思っています。当事者がどうするかが一番大事。農山村の老人、団地に住んでいる人、離島に住んでいる人、その人たちが今、どうしたいのか言語化できてなくても、「こうしたい」と漠然と思っていることがある。それを引き出していくことが我々の役割ではないかと思っています。ぼくらは最終的には市民の力を信じています。課題が明らかになり、やれる手段があれば、その人たち自身で良い形にして行ける。岡山ＮＰＯセンターは、そういう力を引き出すことが役割だと思っているから、そのために必要なことをしっかりやる。確かに課題の幅は広いですが、何をやるかは変わらないんです」。それは、日本の病弊である民間、行政、ＮＰＯの「縦割り」を横串でつなぐことでもある。同じ問題に違う立場から関わっている人たちが一堂に会して話をし、みんなが潜在的に「こうしたい」と思っているところを言語化し、それを具体化していく、ということが大事だという。

岡山を舞台に、これだけ多様な事業を手掛けられる秘訣はどこにあるのか。「自分の中で、いくつか、これをやったらいいといつもぼんやり考えていて、それをやる相手を探しているんです。で、この人とできそうだな、と思ったら話を持っていく。街には、これはという人がたくさんいるわけですが、その人たちと一緒に何をやると面白いか。この人とあの人と、言ってることは同じだな、と思って、つなげてみる。岡山で生まれ育ったぼくは、自分のまちがいいまちだと思っていて、みんなもそう言ってくれることがいいなと思っています。それがベースにあります」。ＮＰＯとの協働を市の行政の柱とする大森市長、岡山市行政との建設的な関係をどう維持しているのか？「逆に、ぼくらも努力して、サービスの内容や自分たちの実力を、全国水準よりも高くして、岡山の中間支援組織は岡山ＮＰＯセンター、となることを目指しています。質を高めて頼られるということ。岡山県内で首長選挙が行われれば、必ず候補者に公開質問状を出して、市民社会の存在感を出して、連携を追求してきました」。ＳＤＧｓへの追求は、そうした道のりの先にある。「『ＳＤＧｓネットワークおかやま』を作ったのは、地域に取り組むＮＰＯと、国際協力など海外も含めて展開するＮＧＯの融合を、ＳＤＧｓで図ることで、世界とつながれるんじゃないかと思ったからです。また、ＳＤＧｓであれば、県の中小企業同友会なども含めて、たくさんの人に関わってもらい、幅を広げることができる。広がったネットワークをベースに、ＳＤＧｓを活用して、岡山を「自然治癒力の高いまち」に近づけていきたいと思っています」。

課題と、それに取り組む市民の中間にあって、それを巧みにつなぎ、それに関わる市民が、共通の言葉を見出せるようにする。そのことによって、市民が自ら問題に向き合い、自らの主権に基づいて問題に取り組む。そこに、地域の「自然治癒力」がはぐくまれる。石原さんのこの処方箋を触媒に、多くの市民が共同で自らの課題を自ら「治癒」している。地方自治体をこのプロセスに引き寄せることで、地方自治体も、より地域に、市民に開かれたものとなる。考えてみれば、ＳＤＧｓの「誰一人取り残さない」という言葉は、逆に、「取り残されないもの」と「取り残されるもの」の分断を前提にしている。岡山のＳＤＧｓの取り組みは、こうした分断を超えて、市民自身が主権者として自らの問題に向き合い、つながり、言葉を見出し、解決していく「自治」の在り方を体現しつつあるのである。

中山間地域へ

岡山からＪＲ津山線で北上し、中国山地東部の名峰、那岐山《なぎ》（標高１２５５メートル）を北に越えると鳥取県智頭町《ちづ》に至る。那岐山南麓に広がる日本原《にほんばら》高原から植林を急登すると展望の良い草原となり、岡山県と鳥取県を分ける那岐連峰の主稜線にたどり着く。ここから北に山を下りていくと、智頭町の南部にある那岐地区に降り着く。この那岐集落の、昔、保育園だった建物に、地域の天然菌と天然水と自然栽培原料を活用して、パンと地ビールを作っているカフェ「タルマーリー」がある。「野生の菌による発酵を起点とした地域内循環」を実現しつつある、日本でも無二のカフェである。智頭町で有名なものがもう一つある。50年代にデンマークで生まれた、非施設型の幼稚園、「智頭町森のようちえん まるたんぼう」である。町の面積の93%を占める山林をフィールドに、子どもの自主性に基づいた共同保育を行う「森のようちえん」は、一人の母親が、智頭町が誇る住民自治の仕組み「百人委員会」に提案したことによって2009年に誕生した。2019年にSDGs未来都市に認定された智頭町には、この二つをはじめとして、日本に他にないものが多く集まっている。

一方で、この町は、日本の中山間地域に典型的な特徴も備えている。智頭町の資料によると、1960年には1万4000人いた人口が、2019年には半減して7000人強となり、高齢化率は39・8%〔図3-1〕。介護人材の高齢化も進み、現在、介護職の27%が60歳以上。平成の大合併の際には、北隣の用瀬《もちがせ》町、佐治《さじ》村と一緒に、鳥取市との合併も取りざたされ、合併派と独立派が拮抗する状況もあった。私がこの町を最初に訪ねたのは、2019年3月のことだった。自分たちの力で、この町を持続可能にしようと試みる30~40代の林業者たちと、新たに町に移り住んだ若い世代の人々、強いリーダーシップと独創的なイニシアティブで5期にわたって町を率いてきた寺谷誠一郎町長(当時)、林業と福祉の連携で町に多世代共創の仕組みを作ろうと試みる鳥取大学地域学部の家中茂教授らのグループの協働が根づきつつあり、将来に向けた町の新しいビジョンが作り出されようとしていた時期だった。私に強いインパクトを与え

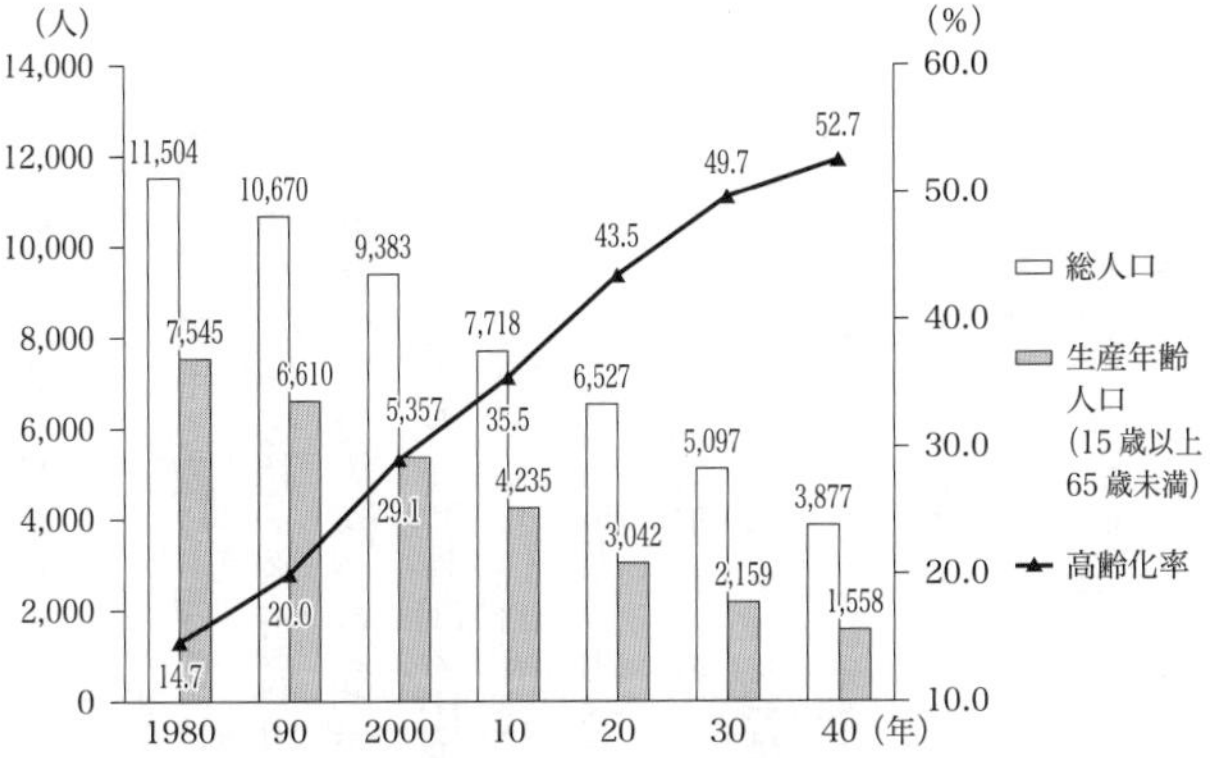

図3-1　智頭町の高齢化率と生産年齢人口推計
出典：国立社会保障・人口問題研究所(2018年3月推計)

たのは、これからの町を率いる新しい世代に属する一人の林業家國岡将平さんだった。智頭駅・智頭町役場の近くにあるスペース「TAMARIBA」で智頭町の持続可能な山林の話を聞いて、挨拶をしたときに、彼の口からSDGsという言葉が自然に出てきたのだ。「自分のやっていることは、SDGsにもつながっていると思っていますよ」。その時のSDGsという言葉には、未来の世代に向けて町のあらゆる可能性を作り出していこうという夢と、その先にある未来への憧憬が込められていたような気がした。その後、彼が山主と契約して山に入る「山番」としての在り方を文章にした「山番憲章」を送ってもらった。町の未来世代の可能性を摘まず、将来にわたって町に利益を生み出す山林経営に向けた責任が、4ページの文章に貫かれていた。私はもう一度この町を訪ね、持続可能性とは何かを率直に学ぼうと思ったのだ。

「次の世代」の手で練り上げられた町のビジョン

高齢化率が40％を超える智頭町だが、國岡さんは30代の「若者」である。智頭町民の暮らしを支える重要な社会基盤である「山」に注目した未来ビジョン策定の中心となったのは、この世代の若者層だった。「智頭の山と暮らしの未来ビジョン」と題された町のビジョンは、２０１９年12月半ばから１カ月間のパブリック・コメントを経て２０２０年３月に策定された。國岡さんは言う。「町の歴史に比べて、人の寿命は短いですよね。今の20～30代は、智頭が林業で栄えていた古き良き時代を知らない。一方、子どもの頃から環境問題について聞かされ、自分たちが社会を汚している、と責任を感じている。この町は今から60年ほど前までは、人口も多くてにぎやかだったのでしょう。しかしこのままいけば、２０４０年には人口４０００人を切ることになる。私たちは、人口減少をむしろ自然な流れに感じます。この状況から、自分たちの暮らしやすさを追求し、次の世代にこの町を渡していきたい、という発想があります」。

この「若い世代」が町役場と議論しながらまとめた「山と暮らしの未来ビジョン」には、通常の行政文書にとどまらない奥深さがある。このビジョンは自らの依って立つ場所を求めて、智頭の生活史と林業史を遡行する。この遡行から見出したのが、木材以外の様々な自然の恵みを生かして創り出された生業と人と自然の調和であり、３００年の伝統ではぐくまれた、節がなく径が大きい杉材の生産を理想とする、家族経営を主体とした「資産蓄積林業」「必要以上に伐らない文化」であった。この歴史を踏まえ、これからの智頭を創造するために、「智頭での暮らしの創造」と、「自然環境と経済活動のバランスの取れた、誇りと責任のある暮らし」という二つのコンセプトのもとに、４つの柱が提示される。

まず、「山村の暮らし　「生活」と「生き方」」。ただ「生活」するのではなく、智頭という山村での暮らしを選び取った者として、誇りと責任のある「生き方」が呼び掛けられる。「智頭での暮らしの創造」で示されるのは、山の豊かさに寄り添う、山林資源を生かした暮らしと、林業にとどまらない様々な生業の創造と担い手の創出である。

次に、「自然環境　「ヒト」と「ヤマ」」。ここで追求されるのは、町の様々な人々が、智頭の山について話し合うことである。ドイツの19世紀の林業家フォン・ザーリッシュの「美しい森林こそ、優れた森林である」という森林美学の思想が反映される。強調されるのは、生態系の保持、災害に強い山林の育成、流域全体への配慮という、「ヤマ」に対する「ヒト」の責任である。

3つ目に、「山林の管理・マネジメント「所有」と「利用」」。智頭に住む多くの人が山林を所有する「山主」である。一方、林業家は「山主」の委託を受けて森を管理する「山番」である。この山主と山番が共創することで、長期的に多くの機能と価値を引き出せる山と森のエコシステムを育んでいく。そのためには、所有者、利用者がそれぞれの責任の在り方を追求していく必要がある。

最後に、「林業経営「木材」と「人材」」。智頭の林業の伝統を受け継ぎつつ、山林から持続的に価値を創出するには、未来世代を、林業と地域を支えていく人材、担い手として育成していく必要がある。人材を育成し、低コストで持続可能な林業経営を実践し、さらには智頭の外に、智頭材と智頭林業の魅力を伝えていく。

このビジョンには、達成目標や数値目標は含まれていない。このビジョンは、先人たちから引き継いだまちづくりの、今の世代にとっての原点として、いつでも立ち戻り、斟酌し、責任をもって地域を創造するための思考と討議の起点にするべきものとして編み上げられたものなのだ。数値目標などは、これをベースとして、いつでも作ることができる。

持続可能な林業と人材育成

智頭町役場で山村再生課長を務める山本進さんは、もともと林業が専門で、２０１０年に鳥取県から智頭町に出向し、山村再生課長を務めた。その後一度県に戻ったが、町に請われ、「断ったら一生後悔する」と思い、県をやめて智頭町の山村再生課長に舞い戻った人物である。山村再生課は２０１０年、智頭町が「森林セラピー」を本格稼働したときにできた。町長はもともと森林セラピー課を作る意向だったが、山本さんは、この町に「木の宿場プロジェクト」や民泊、山林資源による副業の推進のための「百業」プロジェクトなど、山林資源を利用した「生業」づくりを仕掛けていた。実際、昔の山村は、林業だけでなく、山の自然資源を活用した様々な副業で成り立っていた。そういう「山村」を再生させたいという思いで、この課の名前を山村再生課と提案したのは山本さんだ。

山本さんはそのビジョンを、國岡さんと共有している。「いま、戦後に植林された山が大きくなってきて、いよいよ収穫の時期を迎えるということで、全国的に、伐れ、山を動かせ、雇用を生め、と掛け声がかかっています。でも、国民、県民、町民に、長いスパンの中でどう山を残していくか、という思想がなかなか見えてこない。逆に、智頭は、そういう風にやっていこうぜ、ということなんです」。そういう中で、智頭の林業を継ぐ新しい世代が、「自伐型林業」をベースに育ってきたことを、山本さんは心強く思っている。國岡さんも含むこの新しい世代が林業について学ぶ場として、「智頭ノ森ノ学ビ舎」が設けられている。この「学ビ舎」は、2015年、國岡さんら地元の若い世代と、自伐型林業を智頭でやりたいと東京や大阪など都市部から移住してきた若い世代がともに考え方や手法を学ぶ場を作ろうと、智頭で自伐型林業を営む株式会社皐月屋の代表、大谷訓大さんがリーダーとなって智頭町に提案し、智頭町から町有林58ヘクタールの管理を委託されて始まった。

智頭町の南部、那岐地区の林業家を継いだ大谷さんが自伐型林業に出会ったのは2015年。自伐型林業とは、戦後日本の主流であった「所有」と「施業」の分離と職業的な事業者や森林組合を中心とした、短期での皆伐を中心とする施業方式をとる現行の林業に対するオルタナティブとして、現在、全国各地で導入が進んでいる林業のやり方である。山林所有者(山主)や集落の単位で、また、地域で展開する中小・零細の林業家(山番)が山主と契約を結んで、間伐・択伐を中心とし、そのために、災害があっても壊れないような小規模な作業道を密度濃く敷設し、持続可能な森林経営を追求する。間伐材を薪や工芸品など様々な用途で活用することにより、いわゆる六次産業化など、地域経済の活性化に多様な方法で貢献し、住民や移住者がそれぞれの可能な形で、林業に接点を持つこともできるようになる。自伐型林業の運動は全国に広がり、智頭は大谷さんたちの智頭ノ森ノ学ビ舎を中心に、自伐型林業を学び、実践する人たちの結節点の一つとなっている。

大谷さんは、自伐型林業の要の一つである作業道について、先行者である奈良県吉野の清光林業の野村正夫さんから習った。智頭の山は柔らかい真砂土《まさど》でできており、作業道を作るのが難しい。大谷さんを私に紹介してくれた家中さんと、大谷さんと一緒に、山中の作業道を歩いてみる。一番の問題は豪雨だ。水が作業道を削ったり土砂崩れを起こしたりしないように、尾根伝いに水を流し、尾根のところで高低差を付け、高度を稼ぐ。崩壊しやすい谷沿いは少し下げる。急傾斜のところなど、道を付けてはいけないところがあり、そこを見抜いて、崩壊しないように「棚をむすぶ」ことが大事だという。この作業道は、間伐・択伐材を出すことが目的で、山にうまく道を張り巡らせる必要がある。間伐の対象となる木は全体の2割。根や枝の張り方をみながら、「百年後にどの木を残すか」「十年後に伐る木はどれか」などを考えながら選ぶ。

自伐型林業の技術は、今ともに働く人たち、そして未来世代にも継承していかなければならない。山林はこの世代で終わらせるものではなく、多世代、長期にわたって、その価値を持続的に創造していかなければならないものだからだ。大谷さんが整備した山にも、以前、大規模・機械化型の林業者が付けた、ずっと太い作業道の跡があり、その場所は一部、山が崩れていた。ブルントラント委員会の持続可能な開発の定義である、「将来世代のニーズを満たす能力を損なうことなく、現在世代のニーズを満たす」という言葉を思い浮かべ、はっと思いついた。「未来世代の可能性やニーズ」とは、現代世代と関係なく存在するわけではない。それは、今の世代が過去の世代から受け継いだ技術や文化を継承し、発展させ、そして譲り渡すことによって、未来世代と共に作り出すものだ。

智頭町山村再生課長の山本さんは言う。「「学ビ舎」も國岡君や大谷君を中心に若い世代が集まって林業を学ぶ場。ここを核にして、学び、教えあう仕組みをサポートし、山主さんに、ここは若いもんに託してみようや、という機運を作っていかないと。それを示すのが「ビジョン」です」。智頭町役場は黒子に徹しつつも、みんなをつなぎ、町を未来に導く仕事を確実に成し遂げている。

生活と生業の統合型アプローチ

「山と暮らしの未来ビジョン」が示す「智頭での暮らしの創造」は、林業や山林資源の活用による「生業《なりわい》」に留まるものではない。智頭町は、高齢化率が40%を超え、高齢者介護を担う介護士・看護師も高齢化している。暮らしの創造には福祉の視点が不可欠だ。鳥取大学地域学部の家中教授を代表とするプロジェクトは、「生業・生活統合型多世代共創コミュニティの創造」を掲げ、林業と福祉の連携を焦点に、町のコミュニティ・リーダーや若い世代と連携して活動を始めた。このタイトルは、林業や山林資源の活用による「生業」と、福祉をはじめとする「生活」とを新しい視点で見つめ、これをつなぎ、お年寄りから若者、子どもまで、あらゆる世代を担い手とするコミュニティを作っていく、という趣旨である。國岡さんは、町の歴史をベースに将来を形作っていく若手リーダーとして、このプロジェクトに参加している。

國岡さんは最初、「福祉」といったときに、医療とか介護、障害、といった個別の課題をイメージしていた。しかし、町と福祉をつなげて考えると違う視点が見えてくる。「福祉って、漢字で元の意味をたどってみれば、幸せや豊かさを意味する言葉ですよね。すべての市民に最低限の幸福と社会的な援助を提供する、という理念だと。つまり、SDGsと同じですね。じゃあ、最低限の幸福の提供ってなんだろう、と考えると、まずは、「その地域で安気《あんき》に暮らすことができる」ということかな、と思ったんです」。そうすると、これまで、「産業、教育、福祉」と並列に考えていたものが、立体的に見えてくる。「福祉は全体の根底概念じゃないかと。教育についても、福祉的な視点が必要だし、いかにこの地域で暮らし続けることができるかについて、福祉という視点をもって、産業、防災、社会との関わりを始めていくと、すべてが一つにつながっていく。福祉ってそういう上位概念じゃないでしょうか」。その視点から改めて地域を見ていくと、智頭の場合には、谷沿いに20〜30軒でまとまっている「集落」を基礎に考えるという結論になる。集落は水源管理から学童の見守り、空き家対策などをすでに担っているし、運転免許証を返納した高齢者の生活拠点になるのも集落である。「「集落」をベースに福祉を考えると、大事なのは、「縁」を支える、ということじゃないかと思うんです。個人が個人を支えるのは難しいですよね。でも、「縁」、ネットワークを支える、ということができていれば、例えば隣の人が独居の老人でも、毎月娘さんが来て世話してるな、ということがわかる。自分としては、手を出すのでなく、目を配っていればよい。「見えない縁を見ようとする力」と、もし縁がなかったら、それを作ろう、結ぼう、という力が大事なんだと思います」。

國岡さんは本業である林業の傍ら、「生活支援コーディネーター」として福祉にも関わっている。この生活支援コーディネーターを取りまとめ、地域包括ケアシステムの構築を担う智頭町の福祉課副主幹を務める芦谷健吾さんは、智頭町の福祉の取り組みはこうした「縁を紡ぎだす」という考えと共通していると話す。智頭町は人口が継続的に減る一方、要介護認定者は一直線に増え、その結果、介護保険の給付費が増え、保険料も増える。このまま行政主体の福祉をしていても、いつかはパンクする。そこで、「安心して暮らせる町・智頭町」を続けていくために、2017年に策定された第7次介護保険計画を引っ提げて、智頭町の6地区すべてを年3回ずつ回って、「福祉を考える会」を開催し、さらに家中教授のプロジェクトの支援を得て、智頭町全地区の65歳以上の人全員を対象に日本各地で行われている「日本老年学的評価研究」(JAGES)の「健康とくらしの調査」を実施した。「そうしたら、各地区の良い点と課題が見えてきたんですよ。これを福祉課だけで持っているのはもったいないので、各地区にお返しして、2019年度には、各地区の長所を伝え、課題を解決するにはどうしたらいいんだろう、というのを考えてもらう会を、各地区で行いました。そうしたら、問題を解決するにはどうするか、俺たちも考えるから、役場も一緒に考えてくれ、という意見も出てきた。今後は、各地区での取り組みを交流させて見つめなおすことが必要じゃないかな、と思ってます」。

実際、智頭町には、高齢者の居場所づくりのためのサロン(ふれあい・いきいきサロン)が100カ所、ミニデイ・サービスが40カ所あり、さらに週1～2回の「森のミニデイ・サービス」が6カ所ある。これらの活動によって、智頭町では介護の給付費が下がり、医療費も鳥取県内で一番安くなっている。「町民の力が地域での持続的な福祉、介護につながっていることを知ってもらい、自信と誇りを持ってもらって、続けてもらう、というのをテーマにしていきたいと思っています」。集落や地区の「縁」を支え、それを智頭町という行政単位とつなげて、双方向的な対話を仕掛けていく。生業づくりのみならず、福祉の分野においても、様々なアクターを結びつけ、「持続可能なシステム」として機能させていく、黒子としての役割を、智頭町行政は自覚している。

家中さんが智頭町で最初に見たのは、急速な高齢化と人口減少の中で、効果的な対策を打てずに苦しんでいる地方行政と現場の姿であった。介護サービス提供側の高齢化によって、介護事業所が閉鎖に追い込まれるといった状況にまで、事態は切迫していた。他方で、自伐型林業や、山林の資源を活用した持続的な生業を作り出そうという地元の若者たちや、他地域から移住してきた若い世代や女性たちのグループが存在し、智頭ノ森ノ学ビ舎を軸に学び合い、生業を作り出す取り組みを始めていたのである。これらのグループは、町の高齢化の現状についても気づいていた。インフォーマルな話し合いの中から、「智頭の暮らしを考える会」が生まれた。この「考える会」は、智頭町福祉課が各集落で開催した、地区住民と役場で福祉を考える会合にも参加し、各地区における自分たちの体験を語り、地区・集落における包括的な福祉のベースを作っていった。ここからわかるのが、行政の施策に呼応し、また、これをリードする地域、民間のネットワークの重要性である。この二つの主体が相互に応答し、対話していく中で、徐々に、積極的に取り組む下地ができてくる。

生業と生活を統合するアプローチは、これまでの地方行政の在り方を抜本的に転換する可能性を持つ。縦割りになった中央省庁が、自らの所掌に基づいて作り、地域に下ろしてくる様々な施策を、地域の側が自らの主権に基づいてどのように統合し、地域の持続性と、「誇りと責任ある暮らし」の創造に役立てられるか。実際に、地域には、地方創生のための「地域おこし協力隊」、森林経営管理制度に基づく「地域林政アドバイザー」、地域包括ケアのための「生活支援コーディネーター」などが、中央由来の政策に紐づけられて動いている。しかし、実際に現場にあるのは、明確に区分することのできない地域の問題である。こうした制度と資金と人材をうまく活用させ、地域の再生に役立てるにはどうすればよいか。

注目されるのが、行政の外にある中間支援組織の存在である。もちろん、指定権限や予算を持つ地方自治体は、地域ではいわば最強の存在ともいえる。しかし、行政機関は必然的に「縦割り」の構造を逃れられないという宿命を持つ。それを考えれば、むしろ、地方自治体、行政の外部にある公益的な民間の主体が、行政の外側に立って、統合の役割を果たす方がうまくいくことが多い。公益的でありつつ、権力的な動員を行わない中間支援組織が、ひとえに地域の人々との信頼をベースに、統合的な目線で、地域に降りてくる様々な政策や人材の協働と連携を進めていくことが求められる。

これまで見てきた智頭町の事例や、岡山県浅口市のみどりヶ丘団地のイキイキグループの事例、また、岡山NPOセンターやみんなの集落研究所も、行政と緊密に連携しながらも、行政の外に存在している。複数の分野にまたがる制度を地域の視点から連携・統合させ、持続不可能性を持続可能性に変換することに成功しているのは、地域の人々の信頼を以て立つ民間のグループである。「山と暮らしの未来ビジョン」が掲げる「智頭の暮らしの創造」と「誇りと責任のある暮らし」は、山本さんや芦谷さんら智頭町役場と、民間側から智頭の未来を作ろうとする國岡さんや大谷さん、そして、智頭町に生きる様々な人々が、相互の信頼に基づいた双方向的な対話と実践の積み重ねのうえに実現されていくのである。

シビック・プライド

地方自治体と地域住民の関係は、国と市民社会の関係とはかなり異なる。より距離が近く、顔が見える関係の中で、より水平的な対話関係の構築が可能になる。岡山には、岡山NPOセンターが主導して作った「住民提案型モデル事業」があるが、智頭にも同様の制度として、百人委員会がある。寺谷誠一郎町長(当時)の発案で2009年に始まった百人委員会は、全国的に知名度のある「森のようちえん」をはじめ、住民からの様々なアイデアを町政に取り込み、町の事業として展開する役割を果たしている。これは、4月の年度初めに町民から立候補制で百人の委員を選び、この委員が5月から、「商工・観光部会」、「生活・環境部会」など地域にとって重要な課題を扱う7つの部会に分かれて、テーマを選び、みんなで提案を作っていく。そして、12月の「提案会」で提案をし、町の施策に取り入れていくというものである。

なぜ、寺谷町長は、この仕組みを思いついたのか。聞いてみると、「ひょんなことから。行き当たりばったり」とてらいがない。「町民が知恵を出す、町が町民の知恵を借りる、という考えで作ったのが百人委員会」。しかし、せっかく作ったのに、議会からは「議会軽視」と批判され、町民からでた提案について、町役場も、役人の論理で「あれは良い、これはダメ」という状況となった。そこで寺谷町長は百人委員会に対して、「予算案までつけて、提案を出そう」と提案した。これは、お金も含めて、提案者である百人委員会が提案について責任を持つようにするためだった。逆に、役場には、「町民が出してくれた知恵を借りるのだから、役場の論理で選別するな」と指示した。「じっさい、役場がイニシアティブをとって勝手にやるとまずくなる。町民を置いてきぼりにすることになるから。役場だけの計画だと、だいたい、1〜2年しかもたない。だから、役場は一切口を出さず、各地区の住民にゼロから考えてもらう。そして、出てきた提案に対して金は用立てる、ということにした」。自伐林家の大谷訓大さんたちが設立した智頭ノ森ノ学ビ舎への町有林の貸与や、國岡さんたちが起草した「山と暮らしの未来ビジョン」の採用も、「町民の知恵を借りる」寺谷町政の中で実現したことである。

寺谷町長にSDGsについて聞いてみた。「SDGsとは何か、私にはわからない。企画課長に任せてある」、とまた最初は自然体。しかし、強い思いはあった。企画課長の酒本和昌さんが町長の言葉を継ぐ。「町の側を向いて考えると、「シビック・プライド」を上げることが目的です。ふだん何気なく百人委員会とか、「無から有への一歩を踏み出す」という意味の「ゼロ分のイチ村おこし運動」とかやってきたけど、これは国際的にも通用するまちづくりなんだ、ということを町民さんに知ってもらう、というのが、SDGs未来都市をとった理由です。うちは、20年以上、住民自治の取り組みをしているので。町民がこの町を好きになってはじめて、町が続くようになると思いますから」。

岡山NPOセンターの石原さんの言葉を思い出した。SDGsネットワークおかやまを作ったのは、課題と住民をつなぐという中間組織の役割を、国際協力に取り組むNGOにまで広げ、世界と直接つながるためだった。智頭町でも、自分は日本の片隅にいる、と思っていた地域の人々が、SDGsにつながることで、世界と直接つながっている、という意識を持ち、それがシビック・プライドになる。自分たちの住民自治の取り組みが世界につながっていると知って、町民は、そこに誇りを持つ。その誇りは、「智頭の暮らしの創造」と「誇りと責任のある暮らし」を掲げる「山と暮らしの未来ビジョン」へと循環する。今、日本の地域には、国際的に誇れるゴール16の実践がある。それは、地方自治体と住民が、信頼に基づいて、対等な立場で双方向的に対話する自治の試みから生まれている。取材を終え、あらためて地域の持続可能性に関わるSDGsのゴールとターゲットを自分なりに選び、つなげてみた〔図3-2〕。これが正解という訳ではない。いま、多くの自治の実践が始まっている。

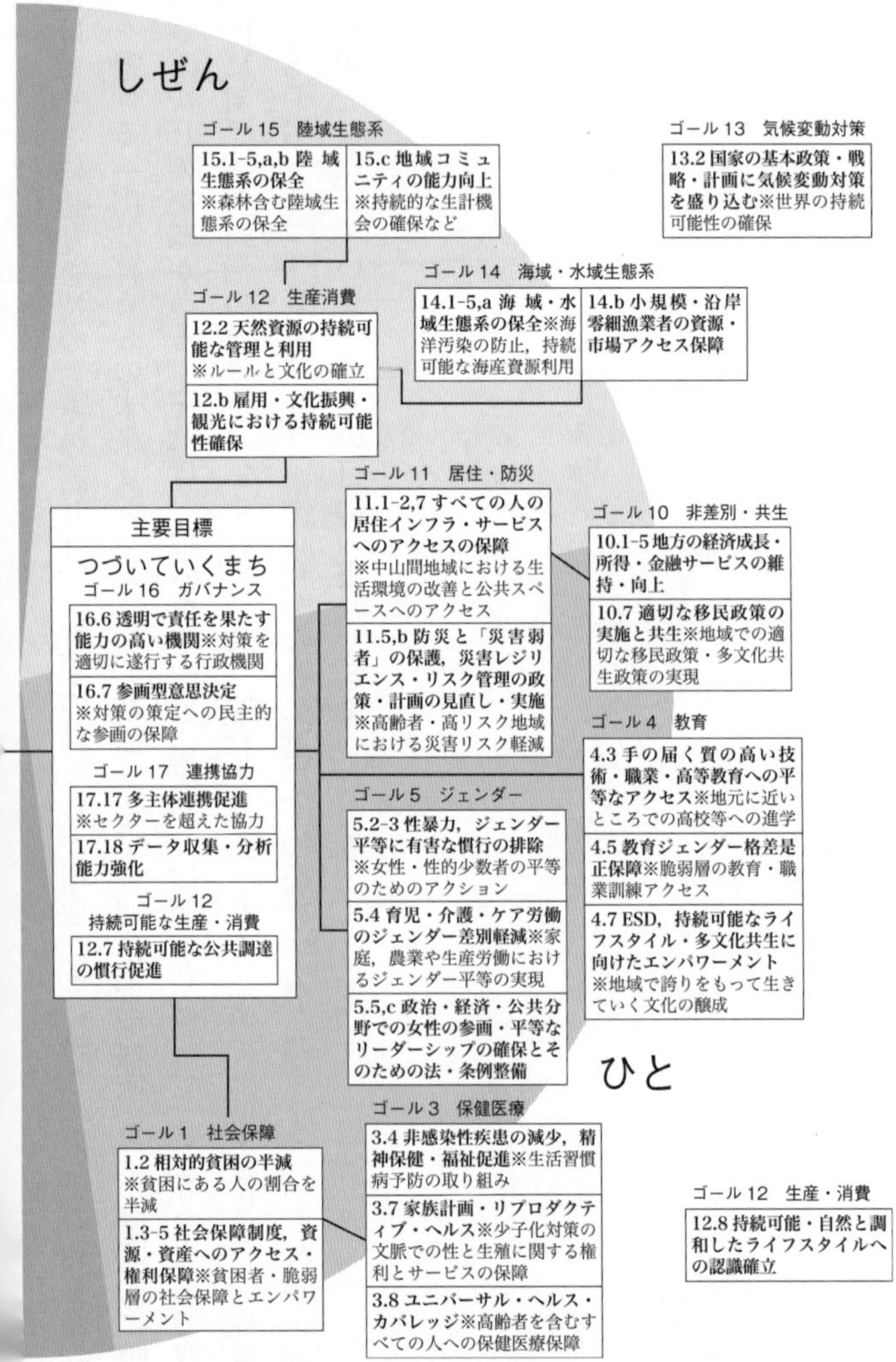
しぜん
ゴール 15　陸域生態系
15.1-5,a,b 陸域生態系の保全 ※森林含む陸域生態系の保全
15.c 地域コミュニティの能力向上 ※持続的な生計機会の確保など
ゴール 13　気候変動対策
13.2 国家の基本政策・戦略・計画に気候変動対策を盛り込む※世界の持続可能性の確保
ゴール 14　海域・水域生態系
14.1-5,a 海域・水域生態系の保全※海洋汚染の防止，持続可能な海産資源利用
14.b 小規模・沿岸零細漁業者の資源・市場アクセス保障
ゴール 12　生産消費
12.2 天然資源の持続可能な管理と利用 ※ルールと文化の確立
12.b 雇用・文化振興・観光における持続可能性確保
ゴール 11　居住・防災
11.1-2,7 すべての人の居住インフラ・サービスへのアクセスの保障 ※中山間地域における生活環境の改善と公共スペースへのアクセス
11.5,b 防災と「災害弱者」の保護，災害レジリエンス・リスク管理の政策・計画の見直し・実施 ※高齢者・高リスク地域における災害リスク軽減
ゴール 10　非差別・共生
10.1-5 地方の経済成長・所得・金融サービスの維持・向上
10.7 適切な移民政策の実施と共生※地域での適切な移民政策・多文化共生政策の実現
主要目標
つづいていくまち
ゴール 16　ガバナンス
16.6 透明で責任を果たす能力の高い機関※対策を適切に遂行する行政機関
16.7 参画型意思決定 ※対策の策定への民主的な参画の保障
ゴール 17　連携協力
17.17 多主体連携促進 ※セクターを超えた協力
17.18 データ収集・分析能力強化
ゴール 12
持続可能な生産・消費
12.7 持続可能な公共調達の慣行促進
ゴール 4　教育
4.3 手の届く質の高い技術・職業・高等教育への平等なアクセス※地元に近いところでの高校等への進学
4.5 教育ジェンダー格差是正保障※脆弱層の教育・職業訓練アクセス
4.7 ESD，持続可能なライフスタイル・多文化共生に向けたエンパワーメント ※地域で誇りをもって生きていく文化の醸成
ゴール 5　ジェンダー
5.2-3 性暴力，ジェンダー平等に有害な慣行の排除 ※女性・性的少数者の平等のためのアクション
5.4 育児・介護・ケア労働のジェンダー差別軽減※家庭，農業や生産労働におけるジェンダー平等の実現
5.5,c 政治・経済・公共分野での女性の参画・平等なリーダーシップの確保とそのための法・条例整備
ひと
ゴール 3　保健医療
3.4 非感染性疾患の減少，精神保健・福祉促進※生活習慣病予防の取り組み
3.7 家族計画・リプロダクティブ・ヘルス※少子化対策の文脈での性と生殖に関する権利とサービスの保障
3.8 ユニバーサル・ヘルス・カバレッジ※高齢者を含むすべての人への保健医療保障
ゴール 1　社会保障
1.2 相対的貧困の半減 ※貧困にある人の割合を半減
1.3-5 社会保障制度，資源・資産へのアクセス・権利保障※貧困者・脆弱層の社会保障とエンパワーメント
ゴール 12　生産・消費
12.8 持続可能・自然と調和したライフスタイルへの認識確立

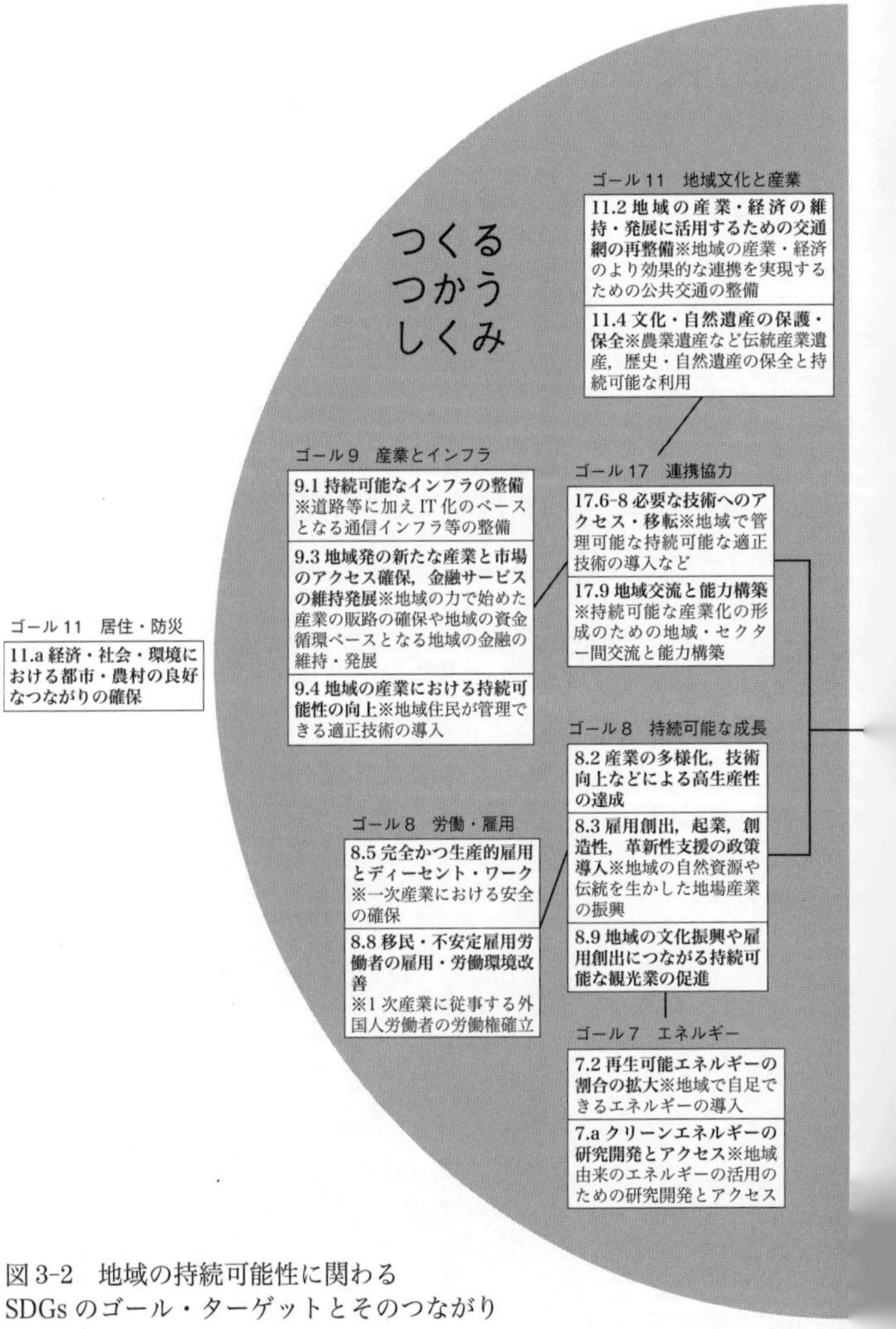
つくる
つかう
しくみ
ゴール11　地域文化と産業
11.2 地域の産業・経済の維持・発展に活用するための交通網の再整備※地域の産業・経済のより効果的な連携を実現するための公共交通の整備
11.4 文化・自然遺産の保護・保全※農業遺産など伝統産業遺産，歴史・自然遺産の保全と持続可能な利用
ゴール9　産業とインフラ
9.1 持続可能なインフラの整備※道路等に加えIT化のベースとなる通信インフラ等の整備
9.3 地域発の新たな産業と市場のアクセス確保，金融サービスの維持発展※地域の力で始めた産業の販路の確保や地域の資金循環ベースとなる地域の金融の維持・発展
9.4 地域の産業における持続可能性の向上※地域住民が管理できる適正技術の導入
ゴール17　連携協力
17.6-8 必要な技術へのアクセス・移転※地域で管理可能な持続可能な適正技術の導入など
17.9 地域交流と能力構築※持続可能な産業化の形成のための地域・セクター間交流と能力構築
ゴール11　居住・防災
11.a 経済・社会・環境における都市・農村の良好なつながりの確保
ゴール8　持続可能な成長
8.2 産業の多様化，技術向上などによる高生産性の達成
8.3 雇用創出，起業，創造性，革新性支援の政策導入※地域の自然資源や伝統を生かした地場産業の振興
8.9 地域の文化振興や雇用創出につながる持続可能な観光業の促進
ゴール8　労働・雇用
8.5 完全かつ生産的雇用とディーセント・ワーク※一次産業における安全の確保
8.8 移民・不安定雇用労働者の雇用・労働環境改善※1次産業に従事する外国人労働者の労働権確立
ゴール7　エネルギー
7.2 再生可能エネルギーの割合の拡大※地域で自足できるエネルギーの導入
7.a クリーンエネルギーの研究開発とアクセス※地域由来のエネルギーの活用のための研究開発とアクセス

図3-2　地域の持続可能性に関わる
SDGsのゴール・ターゲットとそのつながり

第4章　「地球一個分」の経済社会へ

1　企業を変える

チェンジメーカーたちの活躍の場は、政府の「SDGsアクションプラン」の第一の柱、「ビジネスとイノベーション」にも広がっている。しかし、SDGsのこの課題における「チェンジ」の在り方は、地域の再生の課題とはかなり異なる。

SDGsの目的は何か。それは、第1章で見た通り、世界を「持続可能な開発」、すなわち、「将来世代のニーズを満たす能力を損なうことなく、現在のニーズを満たすような開発」(ブルントラント委員会)の軌道へと戻すことである。「SDGsコンパス」(SDGsの企業行動指針)は、有力企業が集まる持続可能性のためのイニシアティブ「国連グローバル・コンパクト」、「持続可能な開発のための世界経済人会議」（WBCSD）、サステイナビリティに関する国際基準の策定を使命とする「グローバル・レポーティング・イニシアティブ」（GRI）の三団体が共同編集した企業向けのSDGs指南書として名高いが、その中にも、次のように書かれている。「SDGsは、地球の限界を超えない範囲に収まるよう、貧困を終わらせ、誰もが尊厳があり平等に機会が得られるような人生を送ることができるよう、政府、企業および市民社会に対して、全世界的な行動を要請している」。ここでわかるのは、企業セクターも、SDGsが端的に示す「地球一個分の経済・社会」への変革を目指している、ということである。

現代の人類社会は、2016年の段階で、地球の再生能力の1・69倍を消費している。この数値を算出したのは、環境問題に取り組む研究機関や大学、NGO、地方自治体など70団体以上によって2003年に設立されたグローバルな非営利の「グローバル・フットプリント・ネットワーク」である。同ネットワークは、人間の社会・経済活動による資源需要や環境負荷を、6種類の土地面積に換算する手法で「エコロジカル・フットプリント」として算出した上で、この値を、人間が消費、排出する環境負荷を処理し、生態系を再生産できる許容量（バイオキャパシティ）と比較することで、この持続不能の実態を「見える化」（図4-1）した。同ネットワークの計算によれば、人間の社会・経済活動による消費や環境負荷が地球一個分を超えた

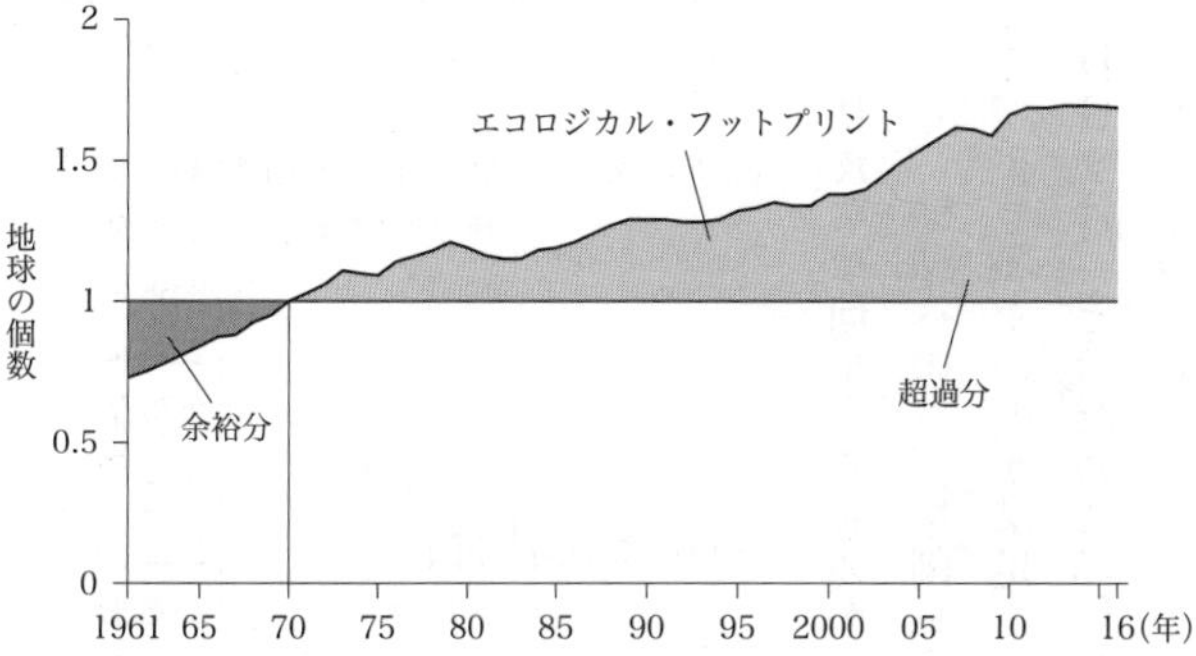

図 4-1　世界全体のエコロジカル・フットプリント
出典：Global Footprint Network, 2019

（エコロジカル・フットプリントの量がバイオキャパシティを超えた）のは、１９７０年。過去50年で、技術の進展や土地管理能力の向上により、バイオキャパシティは27％増加したが、エコロジカル・フットプリントの方は同じ50年で１９０％増加し、「地球１・６９個分」の持続不能な人類社会が形成されてしまったのである。

　ここでもう一つ注目しなければならないのが、貧困と格差である。人類社会は平等に地球１・６９個分を食いつぶしているわけではない。そこには、大きな格差が存在する。同ネットワークの用意するデータによると、全人類が米国のレベルで資源消費すれば、地球４・９７個を食い尽くすことになる〔図4-2〕。ところが、全人類が資源消費の少ない東ティモールのレベルで資源消費すれば、地球0.3個分にとどまる。これが意味するのは、人類社会は、地球１・６９個分もの大量の資源を消費しながら、多くの人々の生活を貧困のままに置き去りにしているということである。言い換えれば、私たちの創り出した社会は、極端に資源浪費的でありながら、貧困・格差の解消という観点から言えば、きわめて非効率なのである。

では、ＳＤＧｓが目指す「地球一個分」の世界に向けて、私たちは何をする必要があるのか。ＳＤＧｓが示す回答はシンプルである。資源消費量を減らし、地球への負荷を削減すること、そして、世界・地域・国レベルでの貧困と格差を減らして、より多くの人が満足できる効率的な経済・社会システムへと自らを変革することである。ＳＤＧｓは、そのために15年という期間と、17のゴール、１６９のターゲット、２３２の指標を提示したのである。

所得レベル	国名	消費資源（地球の数）
高所得国	アメリカ合衆国	4.97 個
	サウジアラビア	3.83 個
	韓国	3.68 個
	ドイツ	2.97 個
	日本	2.76 個
	イタリア	2.72 個
上位中所得国	中国	2.22 個
	トルコ	2.06 個
	ロシア	3.17 個
下位中所得国	インド	0.72 個
	インドネシア	1.04 個
	ボリビア	1.95 個
	モロッコ	1.04 個
	東ティモール	0.30 個
低所得国	アフガニスタン	0.45 個
	エチオピア	0.64 個
	ハイチ	0.41 個
	イエメン	0.41 個

図 4-2　各国のエコロジカル・フットプリント（2016 年）

日本では、SDGsブームはまず民間企業セクター、地方自治体、政府から広がった。これは、上に見たSDGsの観点からすれば適切なことであるといえる。民間企業は資本主義経済において、生産・流通・消費の3つにおいて最も重要なセクターであり、企業が変わることなしには、資源消費量の減少、地球への負荷の軽減は実現できない。また、民間企業は最も多くの労働者を雇用しており、労働と分配の在り方を規定しているので、企業が変わることなしには、貧困・格差の是正もおぼつかないのである。企業の在り方が変わることによってはじめて、生産・消費や労働・分配の在り方が変わり、SDGsの達成の道筋も見えてくる。チェンジメーカーたちの努力は、企業セクターが自らを変革するための触媒としてSDGsという道しるべを得て、企業の内と外の双方からの変革、企業セクターと様々なステークホルダーとの相互作用を生み出すことにおかれることになる。

企業の社会的責任（CSR）をめぐるせめぎあい

企業とステークホルダーのせめぎあいは、資本主義経済の歴史を通じて存在してきた。私たちは、日本の近代史の中から、その事例をいくつも容易に見つけ出すことができる。栃木県北部の足尾銅山から鉱毒を流し続けた古河財閥に対する、田中正造を指導者とする渡良瀬川流域の農民の闘いは、日本の資本主義経済の初期における、このせめぎあいの実例である。戦後の高度経済成長期には、水俣病をはじめとして、全国で企業が引き起こした多くの公害や環境破壊に対して、裁判闘争を含め、多くの社会運動が展開された。

90年代初頭の冷戦の終結以降、企業とステークホルダーの関係の在り方は、特に環境問題や国際保健の問題を通じて、大きく展開することとなった。そのベースとなったのが、「企業の社会的責任」(CSR Corporate Social Responsibility)という考え方である。途上国におけるエイズ治療薬へのアクセスの課題は、CSRが促した変革の実例ということができる。HIV/エイズは、80〜90年代を通じてパンデミックとして世界に広がり、特にサハラ以南アフリカで猛威を振るった。1996年に実用化された多剤併用療法は、先進国においてエイズを「死の病」から管理可能な慢性疾患へと変えたが、同様に90年代を通じて貿易ルールの一つとして世界化された知的財産権によって、治療薬の価格は高額に設定され、アフリカをはじめとする途上国では、治療薬へのアクセスができずに多くの人々が命を失っていった。これを変革したのがCSRと、投資先に社会的責任を果たしている企業を選ぶ「社会的責任投資」(SRI Social Responsible Investment)である。知的財産権を盾に利益をむさぼり、アフリカのHIV陽性者を死に追いやっている先進国の新薬開発系製薬企業に投資しているという非難を恐れ、投資家たちは、製薬企業への投資から一斉に撤退した。これが一助となって、製薬企業は特にエイズ治療薬について、知的財産権による利益独占をあきらめ、2003年以降、特にインドなどで製造されるジェネリック薬が途上国に流通し、多くの人々の命が救われることとなったのである。

その後、リーマン・ショックを経て、SDGsに至るプロセスの中で、CSRを代替する概念として、ハーバード大学のマイケル・ポーター教授が提唱する「共通価値の創造」(CSV Creating Shared Value)が登場し、また、SRIを代替する概念として、「ESG投資」(環境・社会・ガバナンス投資)が登場した。しかし、この概念進化は、必ずしも、企業の変化に向けたさらなる前進につながったわけではない。CSRで設定された「責任」概念は、CSVによって恣意的な「価値創造」概念に代替されてしまったのである。一方、SRIがESG投資へと変化したことは、E(環境)、S(社会)、G(ガバナンス)に関わる非財務的要素に関する指標化という具体的な前進につながった。しかし、社会的責任は環境・社会・ガバナンスだけに帰せられるものではない。しかも日本では、気候変動など環境問題についての認識は高いものの、社会およびガバナンスについての企業の意識形成は立ち遅れている。では、SDGsを活用することで、チェンジメーカーたちはどう企業を変えることができるのだろうか。

企業を内部から変える

ＣＳＶの提唱者であるマイケル・ポーター教授は１９８３年、モニター・グループという戦略コンサルタント企業を設立した。このモニター・グループは２０１３年、大手コンサルティング企業であるデロイトに買収され、日本では「デロイト トーマツ グループ」の「モニターデロイト ジャパン」として戦略コンサルティング事業を行っている。ここに籍を置き、サステイナビリティに関するスペシャリストリードを務めているのが、山田太雲さんである。山田さんは２０００年代、英国由来のＮＧＯの一つ、オックスファムで政策提言を担当し、ＳＤＧｓの前身であるＭＤＧｓの推進に積極的に取り組んだ。また、ＳＤＧｓの形成に向けた交渉については、まず日本をベースに、日本政府のＳＤＧｓ交渉に関わる働きかけを行った後、今度はニューヨークで、オックスファムの国連ＳＤＧｓ交渉担当として、各国のＳＤＧｓ交渉担当官と丁々発止のやり取りを繰り広げた。その後、セクターを越境して、戦略コンサルタントとして企業におけるＳＤＧｓ主流化に取り組んでいる。国際ＮＧＯで培った普遍性や包摂性、ＳＤＧｓの理念をもって、企業のＳＤＧｓ主流化の取り組みとの橋渡しをする、いわば伝道師役ともいえる。

山田さんは、企業においてＳＤＧｓを主流化するうえで重要なのは、まずは、企業の内部からの動きと、企業を自ら動かすインセンティブだという。「企業の中で、先見性を持った経営層が社内での指導力を発揮して、その意を受けて、企業を動かせる力のある部局なり人材が適切な仕事をした結果、ＳＤＧｓに関わるパフォーマンスを上げつつ、財務的にも成果が出る、といった事例を一つでも二つでも作り出す、ということができれば、その企業はＳＤＧｓの方向にぐっと向かい始めるのです」。その時点で、経営の外部からの適切な働きかけが重要になる。これまで有効に機能したものとして、ＮＧＯなど市民社会の働きかけや、ミレニアル世代と言われる20〜30代の従業員たちが発する意見などがあげられる。

一方、競合他社との関係や、横並びで企業を評価できるような指標、物差しづくりも重要だ。例えば、グローバル・レポーティング・イニシアティブ（ＧＲＩ）や国連グローバル・コンパクトは、各企業のＳＤＧｓへの努力を測れる共通の物差しを作っている。「自分の会社が、こういう指標に照らして、良い成績をとっている場合、それがプライドになると同時に、そこを強みとして勝負していこう、という意欲《アペタイト》が出てくるのです。企業の外部からの働きかけのみならず、企業の内部からのこうした正のインセンティブを大切にすることこそが、企業をポジティブに変えるうえで有効に働くことが多いと思います」。さらに重要なファクターが「経済合理性」である。ＳＤＧｓにこそ経済合理性があるのだということを、企業に対してスマートに示せれば、企業は動く。「企業も投資家も、中長期的に儲からないと一番困るんです。投資家の利害に同期しながら働きかけていくことが、企業を変えるうえでのコツだと思います」。企業に社会的責任を果たさせるという意味合いでの「ビジネスと人権」は、企業に悪いことをさせないという点では有効だが、同時に、企業のポジティブな動きを引き出すという方向での働きかけの両方がそろっている必要があると山田さんは言う。企業の内発的な努力を支え、成功例を導き、意欲《アペタイト》を引き出して、SDGsに沿った変革に導いていくことが大事だ、と言うのである。

途上国と先進国をつなぐ企業の行動

山田さんのこの考え方は、ステークホルダーとして企業セクターを変革することを試みている学者やNGOリーダーたちにも、ある程度共有されている。ステークホルダーとして信頼関係を作り、企業の「内からの動き」を支え、太い流れにしていくことが、長くかかるように見えても、もっとも有効な道だ、と言うのである。

「子どもの搾取に反対する行動」(Action against Child Exploitation) の英語の頭文字をとったNPO法人ACEは、児童労働のない世界を作るために、途上国の現場と先進国の消費者、その間をつなぐ企業を巻き込んで、時間をかけて包括的な取り組みを作り出してきた、稀有なアドボカシーNGOである。事務局長で共同創業者の一人である白木朋子さんと、スマイル・ガーナプロジェクト担当の近藤光さんは、ガーナのカカオ農場における児童労働をなくしていくための包括的な仕組みづくりに尽力してきた。

白木さんによると、児童労働は数多くのステークホルダーが絡み合った一つのシステムである。「今までのやり方」では、「より安いもの」を求める消費者に対応するため、先進国でチョコレートの製造、流通に関わる企業は、価格の抑制とコスト削減に注力する。そうすると、チョコレート産業自体が安い労働力に依存したビジネス形態に移っていく。結果として、カカオ生産国では、カカオの価格が低く抑えられ、カカオ農家は低い収入の中で生産を回していかなければならなくなる。大人の労働者も低賃金・低収入になり、子どもたちは親、家庭から、労働力として押し出されることになる。一方、現地の国家政府や地域の税収や収入も低いままとなり、教育に投資できず、教育の質は低いままとなる。結果として、子どもたちは質の高い教育を受けることができず、低賃金に甘んじ、貧困の世代間連鎖を生むことになる。こうして、児童労働を必要とするシステムが再生産されていくわけである。このシステムから脱却し、児童労働のないチョコレートを作り出す、新たなシステムに移行するためには、すべてのステークホルダーを巻き込み、「それぞれが少しずつ「今までのやり方」を変える必要があるんです」と白木さんは言う。

ACEは、ガーナで児童労働を減らすための息の長い取り組みをベースに、ここ数年、児童労働に関わる利害関係者を巻き込むメカニズムを二つ作った。一つはガーナ政府を巻き込んで「児童労働のない地域」を認定する「チャイルドレイバー・フリー・ゾーン」制度の構築支援。もう一つは、JICAを軸に日本のチョコレート産業を巻き込んだ「開発途上国におけるサステイナブル・カカオ・プラットフォーム」である。この二つを軸に、ACEは現在、児童労働をめぐる利害関係者のシステムを包括的に変える壮大な取り組みに着手している。その背景には、「2025年までにあらゆる形態の児童労働を終わらせる」というSDGsの目標(ターゲット8.7)がある。インドやガーナでの児童労働撤廃に確信が持てるやり方を始めよう、ということで、ACEはまず、世界カカオ財団(WCF)の会議に参加、さらに2018年、児童労働廃絶に熱心な米国労働省が積極的に関与する「カカオ産業の児童労働撤廃に向けた調整グループ」(CLCCG)の会議に出席し、ガーナでのプロジェクトを発表したところ、児童労働に積極的に取り組もうとしていたガーナの雇用労働大臣の目に留まり、2年の間に、ガーナ政府雇用労働省、ガーナ農業労働組合、現地NGO、ILO等の国際機関の協働で「児童労働のない地域」を認定する「チャイルドレイバー・フリー・ゾーン」制度が発足した。これにより、ガーナ各地で児童労働をなくすための行動規範が形成され、そのための取り組みが広げられることになる。

もう一つのプラットフォームである「開発途上国におけるサステイナブル・カカオ・プラットフォーム」についても、日本のチョコレート業界を変えるACEの息の長い取り組みがあった。日本とガーナを行き来して児童労働をなくすために働く近藤さんは言う。「日本で消費されるチョコレートの8割がガーナ産カカオを使っています。それを作っているガーナの人たちが、私たちと同じ幸せを享受できていないことに、やるかたない思いを抱いていたんです」。チョコレートで日本人を幸せにしているガーナの人たちも幸せになってほしいという思いが通じて、森永製菓の「1チョコ for 1スマイル」の取り組みが始まったのが2008年。しかし、他のチョコレート企業が追いついてこない。ガーナの活動地域で収穫されたカカオは「児童労働がない」と言えることから、そのカカオを調達・流通させ、「児童労働のないチョコレート」を日本で広げるために、白木さんはチョコレートメーカーやカカオの輸出入を取り扱う商社に個別に営業したが、ほとんど相手にされず、相当傷ついたという。個別の連携事例を重ねてもシステム的変革は起きない。日本の業界を束ねて包括的に変えていく取り組みが必要だった。悶々としていたときに、JICAの産業開発部から声がかかった。児童労働で協力して何かできないか、という提案があり、児童労働のない、社会・経済・環境面で持続可能なカカオ産業の構築をめざして、JICA、NGO、チョコレート産業が協力する「開発途上国におけるサステイナブル・カカオ・プラットフォーム」が誕生したのである。

このプラットフォームの中でも、企業によってもちろん濃淡も、考え方の違いもある。他社との競合の中で、どう勝ち残るかというところから、独自のやり方にこだわると主張している企業もある。しかし、チョコレート・ビジネスを中長期的に続けていくためには、個々の取り組みだけでなく、企業間、またNGOなどセクター間の協力が必要だ、と気づき始めた企業も少なくないという。思いを伝え、企業の中にいる顕在的・潜在的なチェンジメーカーの人々と手を組んで、一つ一つ動かしていくことが大事だ、と白木さんは言う。「NGOが普段言っていることを、企業人が企業の中で言うようになる、ということが大事だと思います。企業は変わるとなれば速い。NGOも自分自身を変えていく必要があると思っています」。

企業人の市民性

児童労働と同様に、企業の取り組みが進みつつある課題として、コンゴ民主共和国などの紛争鉱物に関する取り組みがある。東京大学未来ビジョン研究センター講師の華井和代さんは、コンゴ民主共和国の紛争地域における性暴力や紛争鉱物取引とグローバル経済の在り方を検証し、政府、企業、NGO、市民社会の協働で同国の平和の実現に寄与するNPO「RITA-Congo」の共同代表を務めている。

アフリカ中央部・コンゴ川流域に広大な面積を占めるコンゴ民主共和国は、90年代以降のモブツ独裁政権の弱体化、94年のルワンダ虐殺以降の大湖地域の紛争の波及により、「アフリカ大戦」とも呼ばれる紛争に突入した。特にコンゴ東部は、地域強国となったルワンダやウガンダの介入、政府軍、周辺国軍、武装勢力による資源収奪によって紛争が続き、第二次世界大戦後最大の犠牲者を生み続けている。この背景には、IT技術や電気自動車、太陽熱や風力発電などに使用される希少金属の存在がある。希少金属の需要は、いわゆる第4次産業革命（インダストリー4.0）や再生可能エネルギーの主流化の中で増大しており、紛争鉱物取引規制のレジームの強化がさらに必要とされている。

紛争鉱物取引規制の取り組みが欧米で主流化したのは、2000年代である。コンゴ民主共和国の紛争の背景には、欧米の旧宗主国・覇権国同士の政治や鉱物資源などに関わる利害対立が色濃く反映されている。だからこそ当初は、紛争鉱物問題はマイナーな問題として位置づけられてきた。「米国では一部の上院議員たちが精力的に取り上げ、紛争鉱物取引規制の法案を出していたんですが、なかなか採択されなかった」と華井さんは言う。しかし、欧米の政府や企業の行動をモニターし告発するNGOの提言が根気強く続けられた結果、この問題に取り組む業界団体のネットワークなども設立され、業界団体としてのアドボカシーも始まった。結果として、2010年、オバマ政権がこの問題を重視したことから、ドッド・フランク法の中に、紛争鉱物取引規制を趣旨とする1502条が導入され、紛争鉱物取引に関する企業のアカウンタビリティを必須とする規制が成立した。ほぼ同時期に、欧州においても同様の規制が導入され、紛争鉱物の取引規制と排除に関する一定のレジームができあがった。

華井さんは自ら主宰するNPO、RITA-Congoを通じて、日本の企業にコンゴ民主共和国東部の紛争の状況を伝え、問題の啓発を図っている。華井さんによると、企業の反応はよく、一部の電子機器メーカーなどでは、紛争鉱物に関する講習会を積極的に開催するところも出てきた。この問題は日本企業にとって、欧米による法規制に付き合わなければならなくなったという構図だが、華井さんらの活動や、いまだに続いている紛争の現実に触れる中で、多くの企業人の「変化」を感じ取れるという。華井さんは言う。「企業の方々と付き合いをしていると、企業人も市民なんだ、と改めて思います。コンゴの状況を知らなかったから、「利益が大事」と言っていた。しかし、この問題について、会社で仕事としてやるように言われ、コンゴの状況を知ってショックを受ける。私たちと話をしていけば、やはり、利益追求だけではいかんね、となります。企業の中で事実を伝えていこう、と行動する人たちも出てきた。こうやって発露される、企業人の「市民性」を通じて、ボトムアップで取り組みを広げるのが、早道なのではないかと思います」。

企業人に内在する「内発性」や、さらには利益を追求する企業の「意欲《アペタイト》」を引き出すことで、企業セクターのポジティブな変革を引き出し、変えていく取り組みが、様々な課題で行われている。一方、SDGsの究極の課題は、冒頭に見たように、将来世代のニーズや可能性を損ねることなく、現在世代のニーズを満たすように、現代の経済・社会を再編成する、ということである。これに向けては、現代の生産・流通・消費を作り出す主流セクターである企業の内的な変化の促進と共に、産業全体を巻き込んだ、新たなシステムへの大きな「移行」を構想し、実践に移すことが必須となる。そのヒントとなるのが、生産・流通・消費に関わる「労働」と「所有」の仕組みをどのように変えていくか、ということである。

2　労働と社会を変える

巨大なのに目立たない存在

日本の労働組合と協同組合は、例えばNGO・NPO等と比較して非常に大きく、歴史も長く、成熟した組織を有している。日本最大の労働組合のナショナルセンター、連合（日本労働組合総連合会）は、組織率の低下に悩まされているとはいえ、48の産別組織を抱え、加盟人員は700万人を超えている。協同組合も、日本協同組合連携機構（JCA）の第1号会員は全国農業協同組合中央会、日本生活協同組合連合会など19団体を擁し、組合員数は重複を含めて延べ1億500万人、常勤役職員は58万人、信用事業の貸出金額は149兆円と日本の国家予算をしのぐ金額となる。

労働組合と協同組合はともに、「持続可能な社会」の実現に向けて、本来、大きな役割を果たしうる存在のはずである。労働組合は、賃上げを通じて労働分配率を拡大し、労働者の生活条件を向上させ、未組織の非正規労働者を組織化し、非正規も含めた労働条件や労働環境の改善によって労働の持続可能性を上げる役割を果たす。協同組合は、生産・流通・消費を司る事業体だが、企業との違いは、生協なら消費者、農協なら農民といった社会的セクター全体にまたがる組合員からの幅広い出資に基づき、その利益はこれら組合員に還元される。すなわち、協同組合は私企業における所有の在り方とは異なった、より幅の広い民主的な参画の下で運営されているものであり、「持続可能な社会」におけるオルタナティブな所有の一形態になりうる。そうであるならば、労働組合と協同組合は、「持続可能な社会」への大きな推進力として、その存在をもっと誇ってもよいはずである。ところが、例えばSDGsの推進においては、その主人公は企業と地方自治体、これに加えてせいぜいNGO・NPOとなっており、労働組合と協同組合の存在感は、実際のところ、乏しいのが現実である。一体、どういうことなのか。

連合は、SDGsを強く意識して政策・方針を決定している。連合のSDGs政策を統括する井村和夫総合政策推進局長に、「連合にとってSDGsとは何ですか」と聞くと、明確な答えが返ってくる。「労働組合は、労働者の代表として企業と交渉し、組合員の賃金や労働条件、生活環境を向上させ、格差をなくすことを目的としたものです。労働運動は、これすなわちSDGsです」。この原点は昔から変わらない。実際、連合はその「ビジョン」の中で、「誰一人取り残されることのない社会」を掲げている。気候変動などの環境問題や、巨大な多国籍デジタル・プラットフォーム企業の登場による労働の在り方の大変化に、労働運動がどう対応していくかが突きつけられている今、国際労働運動はこれに対して、「公正な移行」を掲げる。これは、エネルギー転換やデジタル経済の急速な発展に対して、労働者の権利・生活を含め、公正な形での「新しい社会」への移行を追求しようという考え方である。しかし、グローバル企業のイニシアティブで急速に展開する「移行」に対して、どう「公正さ」を担保させるか、明確な戦略があるとは言えない。連合は、ビジョンや運動方針で、持続可能性と包摂を掲げ、ジェンダーのみならず、LGBTの権利にも言及する。「今年の春闘キックオフ集会は「みんなの春闘」という名前にし、非正規労働者、外国人労働者、若者たちにも参加してもらいました」と井村さんは言う。連合は、労働の在り方の激変の中で、まだ見ぬ新しい社会に向けた「公正な移行」を目指す。

社会の公共性を防衛する

労働運動のあるべき姿を明晰に示し、実践を続けている人物がいる。全統一労働組合の特別中央執行委員、鳥井一平さんである。2013年、米国国務省は、彼を「人身売買と闘うヒーロー」として表彰した。これは、彼がもう一つの顔である「移住者と連帯する全国ネットワーク」(移住連)での、外国人技能実習生の救援と制度への告発の取り組みによるものが大である。

鳥井さんは、ＳＤＧｓにも強い関心を持ち続けている。全統一労働組合は２０１９年１月26日に開催した春闘討論集会の基調講演のテーマにＳＤＧｓを掲げた。また、連合など日本に３つある労働組合の全国中央組織の一つで、同労組が加盟する「全国労働組合連絡協議会」(全労協)の「けんり春闘発足・学習集会」でも、ＳＤＧｓの時代の労働運動の在り方を基調講演のテーマとしてセットした。鳥井さんは、ＳＤＧｓに現代の労働運動のどんな可能性を見出しているのか。

全統一労働組合は、個人加盟制の単一労働組合として１９７０年に結成された。非正規、派遣、パートを含め、職種や身分を問わず、あらゆる労働者が加入できる。近年では、外国人労働者を支援するＮＰＯなどで作るネットワークである「移住連」とともに外国人労働者の労働問題に取り組み、特に、雇用や健康、生活、暴力などの問題に直面する外国人技能実習生たちの相談にも積極的に取り組んでいる。中小・零細企業の労働問題の最前線にいる労組の春闘集会のテーマをＳＤＧｓにしたのはなぜか。鳥井さんは言う。「「全統一」に相談にくるような労働者は、自分は社会の隅っこにいる、と考えがちです」。ところが、ＳＤＧｓを考えると、ビジネスと人権、地球環境問題、非正規雇用といった世界の問題が、自分の抱える問題とつながってくる。会社に戻れば、取引先が新たな課題としてＳＤＧｓについて語っている。そうすると、春闘集会で学んだＳＤＧｓ、自分が抱えている労働の課題が世界とつながっている、という意識が出てくる。「それが、誇りと自信につながってくるんです」。自分が働く会社でＳＤＧｓが話題に上ってくれば、「じゃあ、ＳＤＧｓを使って、要求の仕方を変えてみようか」という話に発展してくる。「ＳＤＧｓは、中小・零細企業の労働者の意識を前向きに変える力を持っている」と鳥井さんは言う。地球的なものの考え方を労働運動の現場に直接持ち込んでいくことによって、労働者の意識を変え、また、企業の経営者に対するアプローチを変えることができる、というのである。

ＳＤＧｓを活用することで、労働者は自信を持ち、労働組合は企業に対して、より能動的なアプローチをとることができる。では、逆に、労働組合はＳＤＧｓが目指す社会の実現にどのように寄与することができるのか。鳥井さんは、労働組合の価値、役割から考える必要があるという。鳥井さんは労働組合の役割を以下の3つに定義する。第一に、労働力を安売りさせないこと。第二に、労働力を売っている労働者は人間であり、もの扱いをさせない、人間は修理が効かないし、差別はダメ。人間の尊厳を守らせること。そして鳥井さんは言う。「第三に、社会の公共性を防衛すること、です。労働組合はだいたい、最初の「労働力を安売りさせない」はやっている。良心的な労組は、外国人労働者や未組織・非正規労働者を含め、人間の尊厳を認めさせる努力もしています。しかし、最後の「社会の公共性を防衛する」というところまで意識できているかどうかが大事です」。ここの部分が、労働組合とSDGs、ビジネスと人権、というところに直結しているのだという。

実際のところ、組合員の労働力を安売りさせない、ということだけやっていては、労働組合は社員会のようなものになってしまい、例えば、ビジネスと人権などの課題について、問題意識を持った企業側に立ち遅れてしまう。「ビジネスと人権」について、国際連帯の意識を持って、ＮＧＯと労働組合が「社会の公共性を防衛する」という観点から連携してできることはたくさんある。鳥井さんはこれについて、移住連としっかりした分業・協力体制を作っている。外国人労働者の労働権の侵害について、ＮＧＯが企業と交渉しても、強い交渉権は持てないが、個人加盟制の労働組合は、本人が組合員になることで強い交渉権を持つことができる。多言語コミュニケーションや国際基準に関してはＮＧＯに強みがあるのでＮＧＯが行う、企業との交渉による労働権の確立については、労働組合が専門性を生かしてやる、そういう分担と協力で、一人一人の状況を変え、社会を変えていくことができる。

では、ＳＤＧｓの目標に照らして、労働組合がめざす「次の社会」はどんな社会なのか。鳥井さんは次の、あるべき社会を「労使対等原則が担保された、多民族・多文化共生社会」と定義する。実際のところ、労使対等原則は、「労働条件は、労働者と使用者が、対等の立場において決定すべき」とする労働基準法第2条など、法では明記されている。しかし、実際のところ、労使が対等という認識は社会的に浸透していない。また現代は、どんな社会問題でも科学技術イノベーションによって解決されるという風潮が強い。そうではなく、「なぜそれが引き起こされているのか、その根源をみつめ、人と人との関係はどうあるべきかということを考え、実践していく必要がある」と鳥井さんは言う。鳥井さんの発想の根源は、常に「人」にある。SDGsの達成された社会とは、人が人として尊重される社会である。労働組合が「社会の公共性を防衛する」ことによって、労働者はその社会の実現の主人公となることができる。鳥井さんのメッセージは明確である。

企業は利潤というインセンティブを通じて、事業を通じて外部社会に働きかけ、サプライチェーンを作り、社会を編成していく。一方、労働組合は、企業で働く正社員の賃上げや労働環境の改善を通じて、労働分配率を上げ、企業利益の社会への還元を促進する。これはSDGsの目的に合致する。しかし、それだけでは「地球1.69個分」の人類社会を「地球一個分」に変えることは難しい。さらに、この人類社会の持続不能性をもたらしているのは、企業を中心とする生産・流通・消費の総体なのである。労働組合が、企業に伍してSDGs達成のための主人公となっていくには、SDGsを自らの価値観として取り込み、未組織・非正規労働者、外国人労働者、そして外の広い世界に向けて、その活動を開いていくことが不可欠だと言える。

協同組合：所有のオルタナティブ

日本の協同組合が、SDGs達成に果たせる役割については、さらに問題含みである。ただ、希望もある。ここでは日本労働者協同組合(ワーカーズコープ)連合会の取り組みを紹介したい。

ワーカーズコープは、戦後の失業対策事業の中から出発し、失業対策事業の労働者による労働組合であった全日本自由労働組合(全日自労)が、70年代以降の失対事業の段階的縮小(95年に廃止)と並行して、自ら職場を作り、就労する「労働者協同組合」として生まれ変わったという歴史を持つ。ワーカーズコープは、40年以上の歴史を経て、多くの高齢者や障害者、生きづらさを抱えた若者、生活困窮者の生活と労働、生きがいを支える協同組合へと成長した。実際、ワーカーズコープ連合会に参加する28の加盟団体で就労する人々の数は1万4535人(2017年)、売上高は329億円に達する。その取り組みは、「誰一人取り残さない」というSDGsの理念と響きあう。ワーカーズコープが、他の協同組合に先んじて、SDGsの理念をわがものにした秘密は、労働者による職場づくりと協同労働という、ワーカーズコープ独自の理念と実践にある。

働くことを通じた縁を大切に

「協同労働」の秘密を知るために、私はワーカーズコープ連合会最大の事業体であるセンター事業団が運営する千葉県松戸市の「松戸地域福祉事業所　デイサービスあじさい」を訪問した。郊外の田園地帯にある大きな一軒家が、高齢者向けのデイサービスセンターとなっている。話を聞いたのは、同事業所の所長で、センター事業団の東関東事業本部の事務局長も務める小林文恵さんである。

「あじさい」は2006年開所で、最初は4名のスタッフでやっていたが、経営改革の結果、施設を利用する高齢者が増えてきたので、募集をかけた。「以前、重度のうつ病を患ったことがある男性の方が応募してきました」。その人は、人の気持ちに共感を持って接することができる人だった。来てもらって本当に良かったと思った小林さんは、障害がある人と一緒に働こうと、ハローワークの障害者枠に募集をかけた。ところが、障害者の人がヘルパー資格を取れる公的な訓練の仕組みがない。千葉県に掛け合い、「千葉県障害者委託訓練デュアルシステムコース」という、4カ月の訓練で働けるようになる研修枠を設置。柔軟性を持って働けるように、障害者総合支援法の枠での就労も可能にした。

あじさいの組合員たちは、持ち前の柔軟な発想で、業務を地域に開くことに取り組んだ。ワーカーズコープと連携する「社会連帯機構」の活動として、デイサービスセンターで「あじさいサロン」を定期開催して、地域の人たちに過ごしてもらえるようにした。「「あじさい」がある地域のまわりには、貧困の問題もあるんです。だから、子ども食堂も組合員が開設しました」。松戸市との連携も進めた。生活困窮者自立支援法に基づく「学習支援」の打診があり、学童保育とキッズルーム、生活困窮者の就労準備支援事業を開設した。高齢者向けのデイサービスから、全世代型の支援へとサービスを広げることで、経営も安定した。

こうした成長は、障害者やニート、引きこもりだった人たち、生活困窮者だった人たちを働く仲間として受け入れ、組合員になってもらって一緒に働く、というところから生まれてきた。「「協同労働」という考え方をもとに取り組めば、いろんな人が、人生の中で持つことになったいろんな「でこぼこ」をうまく組み合わせることができるんです」。人間はそれぞれ様々、一つに決めることはできない。だから、複数の制度を活用して、あるところではサービス利用者だが、あるところでは労働者でもあるという組み合わせを作っていく。ここでこそ自分らしく働ける、という人に働いてもらう。この発想によって、あじさいは、地域の様々な人が集まる交差点となった。

協同労働で取り戻した人生

あじさいで自分の人生を取り戻した女性がいる。熊本真理子さんは中学校2年生のとき、統合失調症で学校に通えなくなり、入退院を繰り返すこととなった。20歳頃に病状が安定し、2013年、就労支援センターで紹介されてあじさいに見学に行った。ボランティアで関わってもらえばよい、と言われて、とにかく続けよう、と通った。最初はコーヒー一杯を楽しみに通い、自分でも役に立つことができると思えるようになり、やがて勤めることになった。

施設利用者の中に、頑固でちょっとこわもてな男性がいた。その男性はやがて、熊本さんに心を開き、昔の思い出話などもしてくれるようになった。どちらかというと、自分の方が助けられていると感じた。2014年からは、障害者のためのヘルパー2級取得コースを受講した。進行もゆっくりで、無理を言われないので、ついていくことができた。福祉の理念や情熱がわかり、お年寄りのものの考え方や「傾聴」の仕方も教わった。2015年、資格を取得し、ヘルパーとして就労を始めた。組合員にもなった。「今まで持っていた挫折感がなくなった。社会とつながった感じを持てたんです」。

その後、あじさいだけでなく、同じくワーカーズコープがこの東葛地域でやっている東葛病院の清掃事業などでも働くことになった。２０１９年10月、生活保護を脱却し、自ら稼いだお金で生活できるようになった。熊本さんは、10代で統合失調症を発症してからずっと、10代の自分を奪われた、と感じてきたという。「あの日、あの場所に戻って、取り戻せるものなら取り戻したいという、あるべき人生みたいな固定観念がどこかにあって、それがずっと自分を振り回してきたんです」。あじさいへの見学からの長い歩みの中で、就労を通じて、ついに、そうした思いから逃れることができたという。協同労働によって、自分が社会に必要とされているということの喜びと、自分に対する誇りを得ることができた。このようにして、人生を取り戻すことができた人がいる限り、協同労働には大きな意味がある。

協同労働をどのように作り出すのか

あじさいのある千葉県の北西部東葛地域は、ワーカーズコープ・センター事業団の「生誕の地」でもある。１９８２年、ワーカーズコープとして受けた最初の本格的な事業が、流山市の総合病院「東葛病院」の清掃事業だったからである。実際、ワーカーズコープを中心で担ってきた幹部の多くが、この東葛病院の清掃事業を経験している。現在、この「伝統の地」を受け継ぎ、東葛病院の清掃やリネンなどの業務を担う「東葛地域福祉事業所」の所長を務めているのは、18年前に中国人留学生として来日し、その後、千葉大を経て、ワーカーズコープの全国事務局員となった宇本永宏さんである。宇本さんはワーカーズコープで、まず介護現場で就労し、三多摩事業本部に移った後、東葛病院の清掃現場で2年間、所長として働いた。この現場で、協同労働の意義について目が覚めたという。

ワーカーズコープはもともと、失業対策事業に従事する労働者の労働組合が、「仕事づくり」の協同組合として生まれ変わったものだ。そのため、その事業も、高齢者や障害者を含め、特別な技能や資格を持たない人が就労する清掃事業などが多い。現場には、とにかく仕事を求めて、実に多様な人々が入ってくる。所長の仕事は、そういう人たちと、同じ組合員として文字通り寝食を共にし、「協同労働」を体現するところにある。そのことに気づいた宇本さんは、自分が日本社会で認められ、必要とされていることを実感し、日本国籍を取得。「日本のワーカーズコープに骨をうずめることを決意したんです」。

最近は、生活困窮者自立支援事業の相談窓口や「地域若者サポートステーション」からの就労が多い。「体、心に障害があり、障害者手帳を持っている人が4人に一人はいます」。グレーゾーンにある人も多く、これまでの生育環境から、社会人としての経験が足りないと感じられる人、外国人で日本語がわからない人たちも多い。しかし、宇本さんは言う。「一人ではうまくいかない人が集まるからこそ、それを力に変えていけるんです」。宇本さんは、一緒に働く仲間が「変わる瞬間」を見ることで、この取り組みと社会とにオーナーシップを持つことができたという。「東葛の現場は人を元気にします。どんな人でも、とにかく受け入れてきた、そこに包容力、魅力があるんです」。なぜ、ワーカーズコープにはそれが可能だったのか。

日本労働者協同組合(ワーカーズコープ)連合会の理事長古村伸宏さんは、「職場、仕事を作る」というワーカーズコープの本業にこそ、その秘訣があると喝破する。「協同組合とは誰が何をするところか、誰のためのものか、それを考え抜くことが大事です」。ワーカーズコープは、協同組合の主権者である組合員が、職場を作り、仕事に従事し、自らの主体性を仕事に発揮するところに、事業のコアがある。他の協同組合でよくあるような、事業体の経営がもっぱら追求され、組合員の決定権が阻害されるということは、ワーカーズコープにはない。「ワーカーズコープの事業は、組合員が出資をして、実際に働いて、働く場所を共同で確保し開発するということであり、組合員が主体的に関与することで初めて成立するものだからです」。

古村理事長は言う。「働く場所の確保は、公的に保障されるべきです。一方で、そこで行う仕事は何のため、誰のための仕事なのか、ということを、組合員自身が考え、主体的に関わる。

周りの人たちと協力し、認め合い活かしあうことで初めてよい仕事ができます。そこに、組合員自身が主人公、という在り方が生まれるのです」。

ワーカーズコープは、今の組合員が働く職場があればよいという発想ではなく、まだ多くの失業者がいる、弱い立場に置かれている人が取り残されている、そういう人たちのために、仕事を増やし、仲間として迎え入れる必要があるという発想を持つ。それゆえ、仕事で得た利益をすべて分配するのではなく、組織を作って事業に再投資し、規模を大きくしていった。その過程で、介護保険での事業、障害者の自立就労の事業、生活困窮者の支援事業といった、「支援」に関わる事業に乗り出していった。「そうすると、食べ物がない、兄弟が病気といったいろんな問題が、協同労働の職場には持ち込まれてきます。もともとワーカーズコープには、「生きざまを協同化していく」という文化が根づいていました。そこに、高齢者、障害者などの「支援」の仕事を受け、作っていく中で、むしろ「支援する・される関係」を壊した方が良いという発想が出てきたのです。「協同労働」の中で発見されたその人たちの強み、良さを評価していくプロセスが生まれてきました。「弱者を支援する」という考えではなく、その人たちが持っている個性は、本来、この世で必要とされるもののはずだ、その人たちが経験している世界そのものが、貴重な、社会に活かせるものであるべきだ、という視点です」。

「ワーカーズコープが請け負う仕事は、組合員という「内」だけでなく、委託先や地域など、外に向かってやる仕事です。自分たちの継続性を、外との関係で考える。労働の価値と仕事の価値の双方を高めていく必要がある。その中で、創り出そうとしたのは、「関係の転換」です。経営と労働、資本と労働の関係を変える。仕事といえば、顧客がいる。提供側と顧客の関係を変える。職場と家族、地域というコミュニティの両方の利益にかなう存在として、何をやっていけばよいのかということを考えてきました。そういう意味では、まだ見ぬ未来世代に向かっても、組合を開いていく、未来世代との連帯・協働を考える必要がある。協同組合の思想がすり減らないためにも」。組合員だけのための、「閉じられた共益」から、SDGsの達成を射程におく、「開かれた公益」へ。その中で、「誰一人取り残さない」というSDGsの理念も再定義される。「「取り残さない、取り残されない」という関係ではなく、すべての人が主人公になれる社会こそ目指される必要があります」。古村理事長は締めくくった。

本来、私的所有をベースとした現代の経済・社会の仕組みを乗り越える「オルタナティブ」として存在してきたはずの協同組合は、公共性の衰退と、事業と所有の切り離しの潮流の中で、ともすれば私企業の海の中に埋没し、存在価値を示せないでいる。ワーカーズコープはこうした中で、「協同労働の協同組合」としてその個性を磨いている。

第5章　2030年までの「行動の10年」

1　SDGサミット

国連事務総長報告

2019年9月24～25日、国連においてSDGサミットが開催された。SDGsは、2015年に合意された際、毎年開催される「持続可能な開発のためのハイレベル政治フォーラム」(HLPF)において、そのフォローアップがなされることが決まっている。このフォーラムは、1992年のリオ・サミットの際に創設された持続可能な開発委員会を改組して、よりハイレベルな会合として2012年のリオ＋20サミットの際に創設が合意された会議である。このフォーラムは、毎年7月に経済社会理事会の下で開催され、各国のSDGsの実施状況などを点検する「自発的国別レビュー」（ＶＮＲ）などが実施されるのであるが、4年に一回は国連総会が主催して、各国の首脳級で開催されることになっている。２０１９年はその首脳級会合が開催される年にあたり、ＳＤＧｓが採択された後初めてのサミットとして開催されることとなったものである。

このサミットに先立ち、国連事務総長の報告書が提出されている。この報告書は、２０１９年時点で利用可能なデータを基に作成されたものであり、それらをベースとしてＳＤＧｓの進捗状況について論じているものである。この報告書の第一のポイントは、ＳＤＧｓ達成に向けて一定の良い傾向は見られる、ということである。具体的には、極度の貧困は削減され、子どもの死亡率は低下している。ジェンダー平等についていくつかの指標は進展を見せ、電力に対するアクセスは増加している。労働生産性も拡大し、スラムに住む都市人口は減少している。加えて、これまでのところ１４２カ国が自発的国別レビューに参加し、ハイレベル政治フォーラムで発表を行っている。これらが明るい側面である。

しかしながら、第二に、より重要なことは、ＳＤＧｓを２０３０年までに達成するために必要とされる変革を成し遂げるだけの道のりが、そのスピードとスケールにおいて十分ではない、と結論づけていることである。具体的には、第一の最も重要なゴールである「極度の貧困を終わらせる」については、2015年には世界全体の人口の10％にまで低下したが、その後低下率は減少し、2018年には8.6％にとどまっている。このままのペースだと2030年には全人口の6％が依然として極度の貧困にあると見込まれ、極度の貧困を解消するという目標は達成できないことになる。貧困解消のゴールのみならず、飢餓は世界的に増加傾向にあり、栄養不良は依然として子どもたちを悩ませている。保健分野では多くの面で改善は見られるものの、マラリアと結核の終息には進展が十分に見られず、循環器疾病、がん、呼吸器疾病などの非感染性疾患のリスクは高い。ジェンダー平等についても、依然として政治的指導者や民間企業の管理職における女性の比率は低いままである。さらに、生物多様性においては現在100万種が絶滅の危機に瀕しており、温室効果ガスの排出量は増加を続けている。このような点がリスクとして指摘されている。

第三に、SDGsを取り巻く国際環境が2015年から大きく悪化した、ということが指摘されている。より具体的に言えば、多国間協力に対するコミットメントが圧力にさらされているということである。紛争や国際的な不安定性が強まり、自然災害による直接的な経済損失は過去20年間で150％以上増加している。さらに、経済成長は伸び悩むことが予想され、貿易紛争も多発し、保護主義的な動きが見られる。所得の格差は依然として改善の兆しがなく、この結果、社会における一体感が失われている。

以上のような状況から、この報告書は、２０３０年までのこれからの10年間を、持続可能な開発を実施するための「行動の10年」とすることは国際社会の責任であると結論づけている。

サミット政治宣言

ＳＤＧサミットにおける成果として政治宣言が採択されているが、その中では、ほぼ事務総長報告書に沿った形で、現状においてはＳＤＧｓを２０３０年に達成するための道のりから外れており、２０２０年までに達成することとなっている21のターゲットについてもそのほとんどが達成できない状況にあると結論づけている。したがって、これから行動を加速しなければならないということが強調され、以下の10点が指摘されている。

① 誰も取り残さないこと、そのために最も貧しく最も脆弱な人々に焦点を当てて政策を考えていくこと。
② 適切な資金を動員すること、資金ギャップを埋めるために政府、民間セクターがあらゆる資金動員を行い、貿易など非資金的な手段も活用すること。
③ 国内実施を強化すること、国内政策の中にＳＤＧｓ実施を積極的に組み入れていくこと。

④　SDGsを実施するための機構を強化すること、特に機構間の関係を強化し、政府全体の取り組みとすること。
⑤　ローカルな行動を強化すること。
⑥　自然災害リスクを低減し、強靭性を強化すること。
⑦　国際協力とグローバル・パートナーシップを強化すること。
⑧　デジタル化に焦点を当てつつ、科学技術とイノベーションを活用すること。
⑨　データと統計能力に投資すること。
⑩　ハイレベル政治フォーラムを強化すること。

これらの結論を見て注目を引く点がいくつかある。

第一に、このままでは極度の貧困を解消することができない、多くのゴールが達成できない、との警鐘を鳴らしている点である。そもそも、MDGsのゴール1である、極度の貧困の人口比率を半減するという目標を超過達成できたのは（1990年に36％であったのを2015年には10％にまで減少）、中国経済の急速な発展によるところが大きい。今後世界経済の動向を見れば、「誰一人取り残さない」という目標を達成することが難しいのはいわば自明であった。それを2019年の段階で警告を発したということは非常に適切なことであると考えられる。

第二に、資金問題はどうしても避けられない問題である。もとより、「ビリオン(10億ドル単位)からトリリオン(1兆ドル単位)へ」と言われ、SDGs達成のためには桁違いの資金動員が必要とされている。単なるODAの増額にとどまらず、民間セクターの資金動員、途上国の国内資金動員、違法な資金の流れの取り締まりなどあらゆる資金の流れに取り組むべし、というのは正しいアプローチであろう。

第三に、ローカルな行動に着目している点も注目される。SDGsはもとより各国中央政府の代表によって合意されたものであり、地方政府の考えが十分に反映されたものであるとは言いがたい。事実、SDGsの交渉において各国の地方政府レベルが参加していたという記憶はない。しかしながら、多くのターゲットは地方政府の政策に関わるものであり、地方政府あるいは地域コミュニティの協力なしには実現ができないものである。また、国によっては中央政府の方針とは関わりなく地方政府が個別の政策をとることもできる国もある。地方政府、各コミュニティがSDGsを自らのものとして実施していく必要があるのであり、彼らの協力なしにはSDGsの実現は不可能であると言ってよい。

第四として、防災の重要性が強調されている。SDGsの策定過程においては、防災の重要性について認識されてはいたが、独立のゴールとすべし、というような議論はほとんどなかった。しかしながら、自然災害による経済損失が拡大しているとの指摘がなされており、昨今の気候変動による自然災害リスクに強い関心が払われるようになったということであると思う。

それでは、この10年間において、どのような行動をとらなければならないのだろうか。上述の通り、各国政府、国際機関だけではもはや十分な行動は取りえないということであり、いろいろなステークホルダーによる行動が必要なのである。そもそも、ＳＤＧｓにおいては、グローバル・パートナーシップが強調されてきた。策定過程において、多くのステークホルダーと意見交換を行い、その意見を聞いて作られたのがＳＤＧｓである。それゆえ、あらゆるステークホルダーがその実現のために行動すべきなのである。それぞれの人々、それぞれのコミュニティが自分たちの身の回りの問題に解決を見いだすべく取り組み、グローバルな問題解決につなげていくべきなのではないだろうか。

以下では、今後ＳＤＧｓを実施していく上で、どのような視点が必要であるかについて、各個別の問題に即しつつ論じたい。しかしながら、17のゴールすべてに即して論じることは冗長に過ぎるし、筆者たちの能力を超えるものでもあるので、５つのＰに沿って、いくつかの問題を選択的に取り上げて論じることとする。

2　人間（People）のゴール

第2次大戦後の理想を掲げなおしたゴール3

ゴール3のスローガンは「あらゆる年齢のすべての人々に健康と福祉を」となっている。これは、1946年のWHO憲章、1948年の世界人権宣言、そして1978年のアルマ・アタ宣言など戦後再三にわたって掲げ続けられ、現実の政治の中では常に退けられ続けてきた「基本的人権としての健康」「すべての人に健康を」という理想を、「ユニバーサル・ヘルス・カバレッジ」という具体的な方法論と共に現代にリバイバルしたものである。

パンデミックがターゲットに明示的に入っていないことは、必ずしも新型コロナウイルス感染症（COVID-19）に対するSDGsの「弱さ」を示すものではない。COVID-19は高齢者、障害者、非感染性疾患や結核、エイズなど旧来の感染症を含む基礎疾患を持つ人々、肥満を含む栄養不良の状態にある人々、水・衛生や予防情報にアクセスできず予防手段の選択肢が少ない人々に、より大きな影響を与え、重症化する。ゴール3は、これらの課題を逐一網羅している。また、ゴール3の旗艦的ターゲットであるターゲット3.8「ユニバーサル・ヘルス・カバレッジ」には、すべての人々に対する必須医薬品やワクチンへのアクセスの文言もある。ゴール3で掲げられた課題に適切に対応できていれば、COVID-19の被害も、少なくとも破局的なものにならずに済むと言える。その点、「子どもの死亡率の低減」「妊産婦の健康改善」「エイズ・結核・マラリアの拡大の反転」に特化していたMDGsよりも、SDGsの方が、COVID-19への対応に適していると言いうる。逆に言えば、COVID-19を克服し、今後も来るであろうパンデミックに対処するためには、パンデミック自体への対応力を強化すると同時に、COVID-19以前に世界が直面してきた「保健の慢性的危機」に取り組むことが必要なのである（「はじめに」図1参照）。

世界が直面する非感染性疾患シンデミック

では、現代世界が直面する「保健の慢性的危機」とは何だろうか。もちろん、いくつもの課題があるが、「社会・経済・環境」の慢性的危機の表れという点で考えると、答えはおのずと決まってくる。先進国のみならず、途上国を巻き込んだ、肥満、糖尿病、高血圧、がんなど「非感染性疾患」の増大である。問題は、これが途上国の人口の多数を占める都市貧困層を取り巻く経済的な要因によって、「構造的に作り出されている」ことにある。

英国の著名な医学誌『ランセット』の2019年1月号に、「肥満、栄養不良、気候変動の地球規模シンデミック：ランセット委員会報告書」が掲載された。この委員会は、もともと健康問題としての「肥満」について検討する委員会であった。ところが、実際に調査をしていくうちに、世界共通の保健上の課題である肥満と非感染性疾患に、気候変動や、栄養過多を含む栄養不良の問題が著しく関与し、この3つが相乗効果をなして、世界の人々の健康に大きな脅威を与えつつある、ということが判明し、委員会の取り組み課題自体を「シンデミック」へと変えざるを得なかったというものである。

「シンデミック」とは、地球規模で人々に疾患をもたらす様々な要因が、同じ方向で寄り集まって、人々の健康上の脅威をグローバルな規模で増幅させることをいう〔図5-1〕。報告書によると、この30年間、肥満をなくすことに成功した国はない。これは、食品・飲料産業による強力なロビー活動で、肥満をなくすための政治的な指導力が発揮できなかったことが大きい。さらに、肥満はつねに「自己責任」とされ、政治的な課題としての取り組みを阻害されてきた。

シンデミックの現実を知るために、ブラジルの経済学者クラウディオ・フェルナンデスさんの言葉に耳を傾けてみよう。「ブラジルのアマゾン川地域に切り開かれた経済特区は、進出した企業の法人税をとらず、その地域の人々を雇用すれば、雇用補助金が確保できる。そこに、

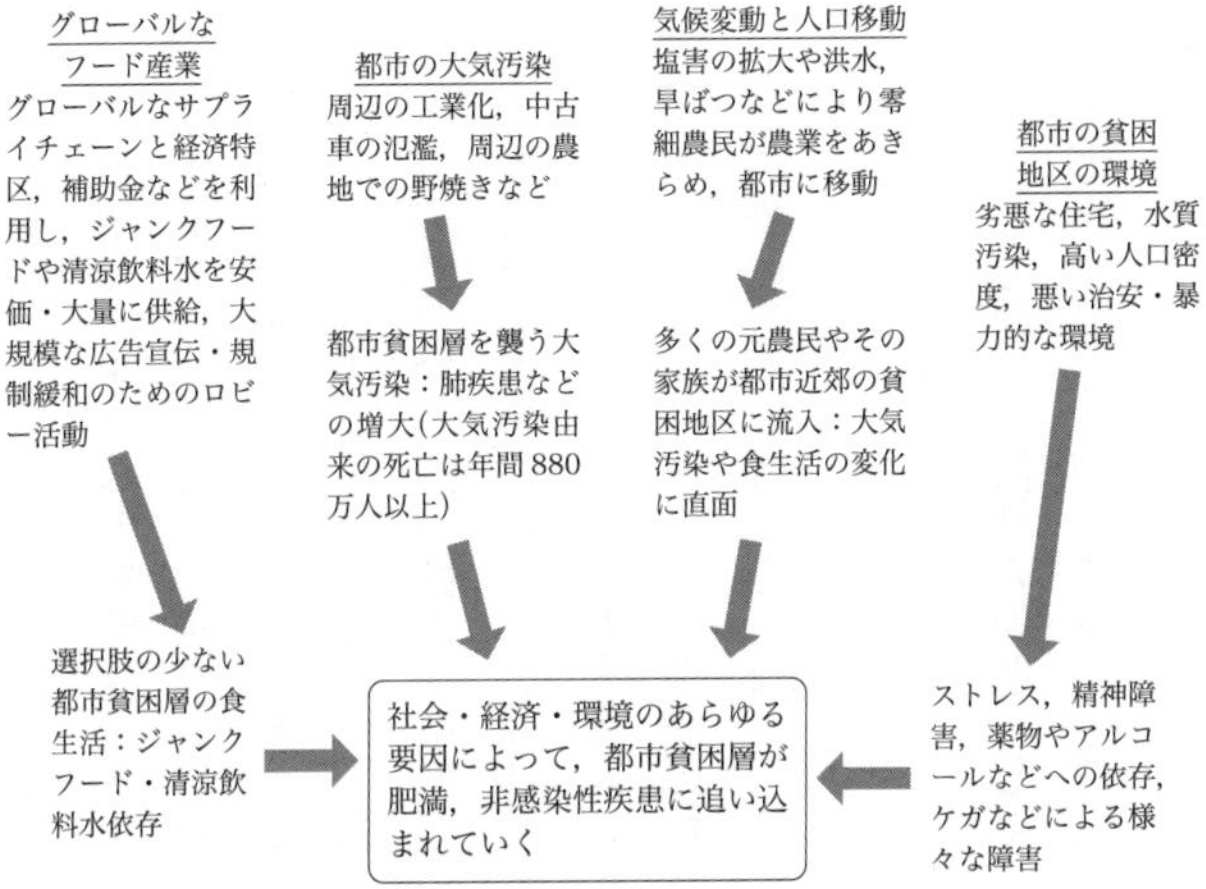
グローバルなフード産業
グローバルなサプライチェーンと経済特区，補助金などを利用し，ジャンクフードや清涼飲料水を安価・大量に供給，大規模な広告宣伝・規制緩和のためのロビー活動
都市の大気汚染
周辺の工業化，中古車の氾濫，周辺の農地での野焼きなど
気候変動と人口移動
塩害の拡大や洪水，旱ばつなどにより零細農民が農業をあきらめ，都市に移動
都市の貧困地区の環境
劣悪な住宅，水質汚染，高い人口密度，悪い治安・暴力的な環境
都市貧困層を襲う大気汚染：肺疾患などの増大(大気汚染由来の死亡は年間 880 万人以上)
多くの元農民やその家族が都市近郊の貧困地区に流入：大気汚染や食生活の変化に直面
選択肢の少ない都市貧困層の食生活：ジャンクフード・清涼飲料水依存
社会・経済・環境のあらゆる要因によって，都市貧困層が肥満，非感染性疾患に追い込まれていく
ストレス，精神障害，薬物やアルコールなどへの依存，ケガなどによる様々な障害

図 5-1　途上国の都市貧困層とシンデミックの構造

あるトランスナショナルなビバレッジ企業が工場を設置し、法人税を支払うことなく、大量の雇用補助金を確保して、膨大な量の甘味料を製造しているんだ。この甘味料をベースに、清涼飲料水を製造し、この企業の巨大なサプライチェーンを使って、中南米諸国の都市貧困層を狙って、大量に販売する。値段はといえば、彼らが住んでいる町で水を買うよりも、果物をとってきてジュースにするよりも安価だ。結果として、安全な水へのアクセスのない都市貧困層の人々は、毎日、水替わりに清涼飲料水を飲むことになるわけだよ」。

グローバルに展開する食品産業も同様である。塩、砂糖、トランス脂肪酸などの入った過栄養なジャンクフードを、都市貧困層向けに安価かつ大量に販売し、彼らの感覚に訴えるコマーシャルを大量に流して消費に結びつける。これらのジャンクフードには嗜癖効果もあり、結果として、都市貧困層の子どもたちはこうしたジャンクフード漬けになる。都市貧困層は日常的に塩、砂糖、トランス脂肪酸などを過剰摂取した状態となり、子どものころから肥満が進行する。非感染性疾患に罹患する確率は確実に上がる。さらには、大気汚染と気候変動の影響がここにかぶさってくる。インドのデリー、タイのバンコクに限らず、途上国の巨大都市はどこも、周辺の農地での野焼きや工業地帯での有害物質の排出、膨大な数の中古車の排気ガスで大気汚染が進行中である。大気汚染由来の疾病で死亡する人は、すでに年間880万人を超えている。一方、気候変動による塩害や洪水などの災害で農業が続けられなくなった零細農民たちが都市に流入して都市貧困層となり、食生活の大変化や大気汚染に直面することになる。こうして、様々な要因が増幅しあって、途上国の都市貧困層の多くが非感染性疾患に飲み込まれていくのである。

この「非感染性疾患へのシンデミック」の問題や、大気汚染由来の疾病の問題は、これまで、政策的介入を要する保健の課題として、十分な焦点が当たってこなかった。もちろん、WHOは非感染性疾患の課題に手をこまねいていたわけではなく、「砂糖・たばこ・アルコール税」の導入による、非感染性疾患の要因となる因子への需要の削減や、ジャンクフード・マーケテイングへの規制などの推奨政策を各国に示してきた。また、肥満を防ぐための栄養指導として、より植物由来の食生活を行うことなどを勧告し、各国に栄養指導ガイドラインを策定するように求めてきた。しかし、フード産業やビバレッジ産業、たばこ産業の強力なロビーイングにより、国レベルではこれらの規制が緩和されたり、政争の具として使われたりすることとなり、有効な規制を取り入れることができた中所得国・低所得国はごく一部にとどまっている。

低所得国・中所得国における肥満と非感染性疾患は、このようにして、構造的な要因が複合することによって、特に都市貧困層をターゲットに「つくりだされて」いるのである。これは、低所得国・中所得国において人口の多くのボリュームを占める都市貧困層の健康をシステマティックに蝕むだけではない。非感染性疾患の疾病負荷が増大すればユニバーサル・ヘルス・カバレッジのために作られる国民健康保険制度も、資金不足による破綻、もしくは給付の抑制による無意味化の脅威にさらされるのである。２０３０年までに、非感染性疾患シンデミックを反転させられるのか。これは、ゴール３に課せられた最大の挑戦の一つである。

シンデミックに立ち向かう

ベトナムでＨＩＶ／エイズ問題に取り組むＮＧＯコミュニティ開発イニシアティブ支援セン

ター（SCDI）を率いるクアット・チー・ハイ・オアン医師は、かたやグローバルファンド（世界エイズ・結核・マラリア対策基金）やWHOなど、保健に関わる世界の国際機関で途上国の市民社会を代表するリーダーとして世界を飛び回りつつ、ベトナムにいるときは、社会の中で最も取り残され、HIV感染に直面する薬物使用者やセックスワーカー、ゲイ・コミュニティの支援に取り組む。どれだけ忙しくても、小柄な体に笑みと温かい言葉を絶やすことがない人物である。オアンさんがいま最も力を入れて取り組んでいる課題の一つが、南部のホーチミン・シティ、北部のハノイというベトナムの二大都市の路上で生活するホームレスの健康問題だ。

ホームレスの問題は、単に保健問題であるだけでなく、様々な課題が寄り集まった問題である。オアンさんがホームレスの人々の支援で直面した一番の問題は、その多くが身分証明書を持っていないことであった。「ベトナムでは、何をするにも身分証明書が必要なんです。持ってなければ、何もできない。仕事にもありつけないし、教育の機会も得られない。ただ暴力や差別にさらされるだけになってしまう。これは、国の登録制度が、本来人々が必要とする保健医療やその他様々なサービスへのアクセスを奪っている実例です。登録制度の在り方が変わらなければ、人々は保健医療にアクセスできない」。

オアンさんは、ホームレス問題に取り組んで、更にいろいろなものが見えてきたという。

「気候変動で海面が上がり、メコン・デルタ地域の多くの農民が、農業を続けられなくなって都会に出てきています。村を捨て、都会に出てくる以外に、生きる手段がないのです。彼らはスラム街で家を借りられなければ、路上で生きていくしかありません。多くの場合、子どもがいますが、学校に行けず、教育を受けられない場合がほとんどです」。ホームレス化した若者たちは、都市でどんどん増えるインターネット・ゲームセンターなどにたむろする。新たな問題として登場するのが、「ゲーム依存」だ。「ゲームに夢中になる若者たちは、現実から逃れたい。ずっとゲームをし続けるために、覚せい剤を使用するようにもなる。何らかの規制を設ける必要があると思っています」。

オアンさんは、ホームレス問題の根底に、ベトナムの経済発展と同時並行して生じてきた巨大な経済格差の問題があるという。ホームレス問題は、「経済成長に取り残された人々の問題」ではなく、経済成長によって作り出された問題だ。「経済成長で物価も上がり、貧困な人々はものが買えなくなる。家族もセーフティネットの役割を果たさなくなる。増える都市人口に対して、都市インフラの整備が追いつかず、増えた人口を吸収できない。政府の提供する保健・福祉サービスも、社会の変化に追いついていません」。しかし、積極的な政策提言活動によって、中央・地方政府の態度も変わってきているという。「労働・傷病兵・社会省が、ホームレス問題に関心を示すようになりました」。オアンさんがホームレス問題を通じて見ているのは、様々な要因が積み重なって、人々の健康を脅かすシンデミックの現実だ。それを変えるには、人々の力を信じるしかない。その力を引き出して、社会の在り方を変える。オアンさんの哲学は一貫している。

食事と運動の在り方を変える

日本でも、高齢化と共に非感染性疾患が増大している。これを逆転させるための大きなヒントとなる実践が、市民社会が「自然治癒力の高いまち」を掲げる岡山にあった。岡山市は、一人当たり国民医療費は全国平均より高いのに、健康寿命は全国平均より低いというジレンマを抱えている。

その解決に挑んだのが、第3章で紹介した岡山NPOセンターの石原さんと、その仲間たちだった。彼らが発案したのは、「おかやまケンコー大作戦」。これは、ソーシャル・インパクト・ボンド(SIB)を活用した多主体連携(マルチステークホルダー)での取り組みである。まず、岡山市は、市民の健康改善のために毎年の目標を設定し、目標が達成されたら、中間支援組織に業務委託料を支出する。中間支援組織は投資家から出資金を募り、岡山市内で健康に関するサービスを提供するフィットネスジムや高齢者の機能回復スタジオ、薬局、病院、レストラン、食堂などに事業費用を支出する。これらの企業は協働して、市民の健康を増進するプログラムや、栄養価の高い食品をベースとしたメニューなどを提供し、市民はそれを利用することでポイントを集め、体重計や商品券などを得ることができる。こうして、企業は一定の利益と、市の公益事業への参画、市民の健康のための貢献、というブランドと引き換えに、市民の健康のためになるサービスを作り出し、市民はそれを利用することによって健康を増進する。結果として、目標が達成されれば、中間支援組織は市から業務委託料を得ることができる、という仕組みである。

この取り組みを石原さんと共に作り出している、岡山県全域に薬局を展開しているマスカット薬局の社長高橋正志さんに話を聞いた。経済学者宇沢弘文の著作を何冊か持って現れた高橋さんは言う。「人が健康になるには、医者だけではダメ。結局、食生活や運動など、生活の改善については、病院ではパンフレットを渡すだけですからね。スポーツジムとか飲食店とか、企業や市民が積極的に参加することによって効果が表れる。健康の最大の切り口は、薬とかサプリメントじゃなくて、食事と運動です」。このおかやまケンコー大作戦は、そういった意識の変化を促し、他の薬局や企業にも広げて、変革を起こそうという事業なのだという。「薬局や病院は、まだ点数を稼いでお金を儲けよう、という意識から抜け切れていない。いわゆる「生産条件」に対して、人々が生き続けられる上で最も大切な「生存条件」が忘れられている。何よりも大事なのは「命」であり「命の尊厳」だと思うんです。ところが、「今の暮らし」を守ることが優先されている。「今の暮らし」を守ることで「命の尊厳」が犠牲になっては、元も子もありません」。

このおかやまケンコー大作戦は、「食事と運動」という「暮らし」を変えることによって、「命を守る」という発想の転換を、多くの市民と企業にも共有することが目的となっている。「もっと幸せの見える社会づくりをしていきたい。それぞれの企業にもやれることはたくさんあります」。2019年から4年間のこのプロジェクトの最終成果は、2023年度に測られる。この「大作戦」によって、高橋さんが言うように、民間企業や市民が広く参加して、岡山の「食事と運動」の在り方を変え、「暮らしを変えて命を守る」が幅広く実践されつつある。それは、いま、世界全体で起こっている「人々が構造的に非感染性疾患に追い込まれていく」シンデミックを巻き戻す、一つのモデルになるかもしれない。

3　繁栄(Prosperity)のゴール

科学技術イノベーション推進の仕組み

「持続可能な世界」への移行をうたうＳＤＧｓにおいて、科学技術イノベーションは一つの有力なツールとして位置づけられている。ＳＤＧｓを含む「持続可能な開発のための２０３０アジェンダ」の「実施手段」のパートの第70パラグラフには、ＳＤＧｓ達成のための「技術促進メカニズム」(ＴＦＭ　Technology Facilitation Mechanism)として、科学技術イノベーション(ＳＴＩ)に関する国際機関間タスクチーム、オンライン・プラットフォーム、およびマルチステークホルダー・フォーラムを設けるとされている。実際に、このパラグラフを根拠として、毎年5〜6月にＳＤＧｓ達成のための科学技術イノベーション・フォーラム(ＳＴＩフォーラム)が開催されているほか、上記ＴＦＭを支援することを目的とした、研究機関や企業・市民社会などの代表10名による諮問委員会が、国連事務総長の任命により作られ、上記の国際機関間タスクチームと連動してＳＤＧｓのための科学技術イノベーションに関する国際的な政策をリードしている。国連では、科学技術イノベーションの促進のみならず、技術を開発し、所有する国とそうでない国の間の格差を縮め、技術移転をどう進めるかといった課題についても討議している。日本政府も、第3章で見た「SDGsアクションプラン」の三本柱のうち、第一の柱として「ビジネスとイノベーション」を掲げ、その主要な要素として「科学技術イノベーション」を位置づけ、特に情報通信技術(ICT)分野を中心に「ソサエティ5.0」戦略、バイオ産業などに関して「バイオ戦略」、さらにバイオ技術とITの導入による農林水産業の省力化と質の向上を促進する「スマート農林水産業」などを掲げている。「ソサエティ5.0」とは、政府の第5期科学技術基本計画で打ち出された概念で、AIや5G、ビッグデータ解析などのICTの技術革新や、電気自動車などの輸送技術革新など、第4次産業革命(インダストリー4.0)によって生じる、新しい社会のことを意味している。

科学技術イノベーションに対するガバナンスの不在

SDGsが掲げる「持続可能な社会」への変革をもたらしうる要素の一つが「科学技術イノベーション」であることは論をまたない。現代の社会・経済システムと、それによって人類の一部が享受している「豊かさ」は、「地球1・69個分」の資源消費によって成立しているが、これを維持しながら、「地球一個分」の持続可能な社会に移行することは、現代の科学技術だけではできず、科学技術イノベーションは不可欠である。

また、日本における少子高齢化の課題を含め、私たちが日常で経験する様々な課題の中には、新しい科学技術の導入によって解決の可能性が開ける課題も少なくない。想定できる悪影響をなるべく排除しながら、こうした科学技術を導入して問題を解決する、「科学技術イノベーションによる社会問題の解決」は積極的に展開される必要があるし、社会問題の解決を目的に掲げるスタートアップ企業などの意欲的な取り組みは積極的に進められる必要がある。

ただ、一方で、SDGsに向けた取り組みが科学技術イノベーションに依存しすぎると、貧困・格差を是正し、気候変動を止め、環境汚染をなくしていくための社会的・経済的アプローチへの取り組みが後退してしまう危険がある。まだ私たちが手にしていない技術による「非連続的なイノベーション」に過度な期待を持つことはできない。

2016から18年までの2年間、市民社会を代表して国連の技術促進メカニズム（TFM）を支援する10名の諮問委員会の委員を務めた、フィリピンのエレニータ・ダニョ氏（侵食・技術・独占に関するアクション・グループ（ETCグループ）共同執行理事）は、2019年大阪で開催されたG20サミットに向けて市民社会が開催した「C20」（市民20）でデジタル経済に関する作業部会の共同部会長を務めた。ダニョ氏は自ら筆を執って作成した提言で、科学技術イノベーションによって生じる問題を以下の5つに分類する。

a　権利の問題：プライバシーや個人情報のコントロール権、労働の在り方の変化による労働者の権利の喪失、サイバー・バイオレンスへの対応不能、国家機関による権利保障の能力の低下

b　社会の課題：文化、価値観、コミュニティの変質、フェイクニュースなど政治的な影響、産業構造の変化による失業と再雇用の不確定性、先住民など伝統的コミュニティにおける知の価値喪失など

c　環境の問題：AIが消費する膨大な電力やエネルギー消費、これを賄う再生可能エネルギーによる希少金属の大量消費、電子廃棄物の管理・処分の問題など

d　平等性の問題：デジタル経済の進展による巨大プラットフォーム企業による世界の富の独占、バイオ技術の発展による農業・食品産業の寡占化、グローバルな富の再分配の仕組みづくりの困難さ

e　ガバナンスの問題：デジタル経済や科学技術イノベーションへのグローバルなガバナンス・管理機構の不在、各国政府や国際機関による法的規制の立ち遅れ

上記5つの問題すべてが、ＳＤＧｓに関わる問題であるが、中でも、ＡＩなどの本格導入によって最も懸念されるのは、少なくとも一時的に、世界のエネルギー消費量が大幅に拡大する可能性があることであろう。また、バイオ技術を有するグローバルな農業・食品産業による食と農の独占、グローバルなＩＴプラットフォーム企業による収益構造のグローバル化などに対して、税制や社会保障は各国に分断されており、グローバルな富の再分配を可能にするメカニズムは存在しない。このことで地球規模での格差がさらに拡大すれば、ＳＤＧｓの達成はおぼつかなくなる。

科学技術イノベーションの社会への導入について、その倫理的・法的・社会的含意（ＥＬＳＩ）を検討しなければならないという認識は、徐々に高まっているが、ＥＬＳＩに基づく科学技術イノベーションのガバナンスに本来必要な、マルチステークホルダーの参画は十分に保障されていない。ここについても、ターゲット16・7「対応的、包摂的、参画型で代表制に基づく意思決定」が原則とされる必要がある。

ＳＤＧｓ達成のための「適正な技術選択」

科学技術イノベーションとＳＤＧｓの在り方について、日本から発信された一つの提言を紹介したい。

これまでの、効率・規模・速度の拡大・増大と経済成長を至上の価値とする近代科学技術の単純な延長上にある技術体系では、持続可能な未来を描くことはできず、新たな安定平衡と人間社会の幸福に向かう新しい技術体系が必要なのではないか。このような提言が、東京で２０１９年12月に開催された国際会議で発表された。

会議を主催したのは、インドネシアなど東南アジア諸国での適正技術導入に取り組んできた日本のＮＧＯ「ＡＰＥＸ」(Asian People's Exchange)。創設者の田中直氏はもともと大手石油企業にも勤務した技術者で、これまでの近代科学技術の開発と導入が社会・経済・環境にもたらす歪みや疎外の問題を直視し、現代の科学技術イノベーションの流れに対して、２０１７年、「適正技術フォーラム」を設立し、持続可能な開発のための技術の在り方についての提言を積み重ねている。

この会議には、フィリピンやインドネシアで適正技術の導入や科学技術の課題に関わる専門家などが参加し、成果文書として「持続可能な開発のための適正な技術選択に関する包括的フレームワーク」を採択した。このフレームワークの出発点は、ＡＩや５Ｇ、ゲノム編集をはじめとするバイオテクノロジーなどの現代の科学技術イノベーションは、必ずしもＳＤＧｓ達成や「持続可能な社会・経済・環境」の実現にとって最善の選択ではない、ということだ。そのうえで、貧困と格差、環境・資源問題、さらに科学技術がもたらす労働や人間の疎外の問題に正面から向き合い、問題を解決するためには、ハイテクの導入に固執するのでなく、人々の福祉の向上・増進と自然環境との調和に沿って、技術の選択をより適正に行うこと、また、技術開発の方向性自体を変えていくことが必要だと提言する。

この提言は、今後の持続可能な社会形成のための技術の在り方を、日本がうちだす「ソサエティ5.0」のビジョンのように「最新技術の導入」一辺倒の側に追いやるのではなく、市民が日々直面する「持続不能」の課題について、自分自身がオーナーシップを持って管理できる様々な技術を導入し、使いこなすことで解決していく「適正な技術選択」の側に引き寄せていくうえでも、重要な意義を持っている。

リターンとリスク

資金問題はＳＤＧｓ策定の時からついてまわる問題である。ＳＤＧｓ達成のためには、必要とされる額がこれまでとは桁違いだからである。実際、SDGs達成のためには、毎年5〜7兆ドルの投資を要し、途上国への投資は年間約2.5兆ドル不足していると言われている。

しかしながら、国連の場で常に議論になるのは、政府がコントロールできる資金の流れ、政府開発援助(ODA)である。とりわけ、国連においては、先進国はGNIの0.7%をODAとして途上国に供与すべし、という国際的な目標が1970年から存在する。一方において、途上国へのODAの世界全体の総額は、年間1500億ドル(16兆円)程度であり、SDGs実施のために必要とされる額に比べれば、文字通り桁違いで少ないと言わざるを得ない。なお、この場合のODA総額はOECDの開発援助委員会に所属する29カ国によるものであるので中国は除外されている。中国の援助の実態は非常に不透明であるが、中国の援助資金自体も年間150億ドル程度と推定されているため、仮に中国をカウントに入れるとしても1割増しになる程度である。

ODAの対GNI比率0.7%目標は、古い約束ではあるが国際約束として有効である。しかしながら、現在のODA資金額では、上記29カ国の平均GNI比は0・31%であり、0.7%を満たすべく29カ国すべてが努力したところで、全体で3500億ドル(38兆円)程度にしかならない。

もちろん、ＯＤＡの意義を過小評価するつもりはなく、最も貧しい層、最も脆弱な層に届くような資金の流れはＯＤＡによるしかないのである。民間資金が流れていくところには民間資金に任せるべきであり、民間資金がそのままでは流れていかないところにＯＤＡを活用する、という方法が適切である。

問題は、民間資金をどのように活用するかということである。日本自身の途上国への資金の流れ（支出総額）を見ると、２０１８年にはＯＤＡは１７３億ドル（1.9兆円）であったが、民間資金の流れは９２３億ドル（10・2兆円）にものぼる。民間資金の量がＯＤＡの５倍にも達するわけである。よって、今日の世界では、途上国に流れる資金は直接投資や間接投資などの民間資金の流れの方がはるかに多い、ということである。

今や、民間部門の資金は膨大な額となっている。そのような資金は、投資基金や年金基金などによって運用され、投資されている。例えば、年金積立金管理運用独立行政法人（ＧＰＩＦ）が運用している資産は、１５０兆円にも達する（２０１９年度末）。また、世界最大手の資産運用会社のブラックロックは、７００兆円もの資産を運用している（２０２０年３月末）。このような膨大な資金が途上国などに投資され、ＳＤＧｓの達成に役立つのであればそれこそ万事めでたし、ということになる。ところが、当然のことながらそんなに単純な話ではなく、民間資金の流れ、特に投資は慈善事業ではないし、政府の政策によって決められるものではなく、収益率(リターン)とリスクで決まるものである。

途上国におけるプロジェクト、債券には当然のことながらリスクがつきまとう。また、リターンも十分に見込まれるとは言いがたい。どのようにしてリスクを低減し、リターンを上げることができるのかが、途上国への資金の流れを確保する上での最大の課題である。

グリーンボンド

21世紀に入り、リターンとリスクという二元的な考え方にもう一つの座標軸が加わっている。社会的インパクトという考え方であり、社会的・環境的なリターンも考慮に入れるというものである。当該投資が、社会問題の解決や環境問題の対処にどのように貢献できるか、という側面も考慮に入れて投資を決定するという考え方である。2006年に国連において責任投資原則(PRI)というイニシアティブが始められ、投資分析と意思決定プロセスにESG(環境・社会・ガバナンス)課題を組み込むという原則が作られた。さらに、この考えを深化させるために、2013年にはG8の枠組みの中で、社会的インパクト投資タスクフォースが当時の議長国英国の呼びかけで創設され、2015年にはメンバーを拡大してグローバル社会的インパクト投

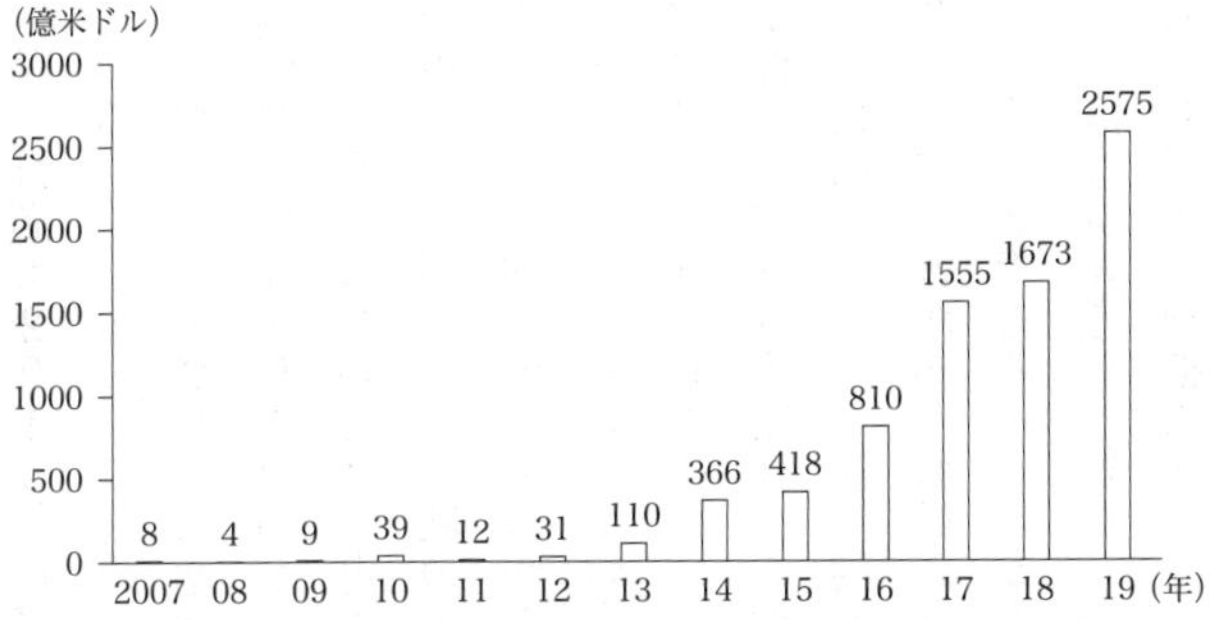

図 5-2　世界のグリーンボンドの発行額の推移
出典：Climate Bonds Initiative

資運営グループ（ＧＳＧ）に改組され、活動が続けられてきている。このような活動もあって、投資家の中ではＥＳＧ要素を考慮した投資に対する関心が高まってきており、ＥＳＧ投資に関する記事を新聞で見ることはしばしばである。実際、前出のＧＰＩＦは、２０１５年国連責任投資原則への署名を行っており、ＥＳＧ投資へかじを切っている。

このような、ＥＳＧ要素を考慮した金融商品が拡大してきており、その典型例がグリーンボンドである〔図５-２〕。グリーンボンドとは、地球温暖化対策やグリーンプロジェクトに民間資金を導入するための手段であり、企業や地方自治体等がこれらのプロジェクトの資金を調達するために発行する債券である。そもそもの始まりは、２００７年に欧州投資銀行が発行した、再生可能エネルギー・省エネルギー事業のための債券であり、その後国際開発金融機関が発行するようになり、今では発行主体は多様化している。

年間発行額も２０１３年以降急増しており、２０１９年には２５７件、２５７５億ドルに達している。

何がグリーンボンドに適合するかについては、２０１４年に国際開発金融機関と民間金融機関が共同で作成した原則が、自主的ガイドラインとして使われている。この原則における調達資金の使途については、再生可能エネルギー、省エネルギー、汚染防止と管理、自然資源の持続可能な管理、陸・水域の生物多様性保全、クリーンな運輸、持続可能な水資源管理、気候変動に対する適応の8項目があげられている。

グリーンボンドの一つの大きな問題は、地域分布として、圧倒的に欧米と日本・中国が多く、アフリカはきわめて少ない、ということにある。２０１９年に発行されたグリーンボンド２５7件中、アフリカ案件は5件(ナイジェリア2、南アフリカ2、ケニア1)、総計8億ドルでしかない。結局のところ、社会的インパクト投資は、リスクとリターン、そして社会的インパクトの3つの座標軸があるわけであり、その3つのバランスがとれたプロジェクトが資金調達できるということである。このうちどれかの座標軸がマーケットの期待を満たさなければ資金調達として成り立たない。結局、やはり戻ってくる問題は、途上国においてどのようにリスクを低減し、リターンを拡大することができるか、そのようなプロジェクトをどうやって形成できるのかにつきる。これは、途上国自身のプロジェクト形成能力にも関わる問題であり、途上国自身がマーケットの期待を満たすプロジェクトを形成できなければ資金を調達できない、ということである。

グリーンボンドはSDGs達成のための資金調達の大きな可能性を秘めた手段である。しかしながら、グリーンボンドはすべてを解決できる魔法の杖ではなく、投資のリターンとリスクという、乗り越えなければならない根本的な課題が依然としてある。そして、途上国のプロジェクト形成能力の向上も重要であるが、そもそも途上国自身が国内資金を動員できる能力も拡大しなければならない。具体的には、まず徴税能力の強化、このためには税金の捕捉率の向上、所得税の累進税率の導入、関税徴収能力の向上、相続税の導入などすべきことが多い。加えて、途上国にありがちな腐敗の防止、違法な資金の防止も絶対的に必要である。

COVID-19により、世界経済は大きなダメージを受けている。IMFは、2020年の経済成長をマイナス4.4%と見積もっているが、2021年以降は不透明感が強い。今後感染の第2波、第3波が懸念される中、容易に経済がもとに戻るということは期待しがたいように思われる。各国とも自国経済の回復、雇用の回復を最優先にする結果、途上国への支援および資金協力に対する優先度は下がることになるのではないだろうか。加えて、ESG投資重視の方向性は変わらないにせよ、リターン、リスクと社会的インパクトの3つの座標軸で考えていた投資分析と意思決定において、従来型のリターンとリスクをより重視するようになるのかもしれない。実際、グリーンボンドについても、2020年上半期においては、95件、920億ドルと、前年の半分以下のレベルの発行にとどまっている。加えて、欧米と日本・中国以外の案件は5件（シンガポール3、ベトナム1、ブラジル1）にとどまっている。これまで順調に成長してきたグリーンボンドが今後どうなっていくのか、とりわけ途上国向けのものの動向がどうなるのか、懸念されるところである。

依然として、資金問題はSDGs達成のための根本的な実施手段である。先進国が自らの問題のために資金を活用し、またグリーンボンドのような新しい調達手段を使っていくことは重要なことである。それとともに、途上国の手助けをして、国際社会全体の問題の解決を図っていくことも劣らず重要であると思う。可能な限り民間資金を活用し、一方において民間資金が届かない、あるいは民間資金では解決できない問題をODAによって解決を図る、途上国が資金調達できるようにするための環境整備をODAによって図る、などなどの知恵が必要なのだと思う。そして、COVID-19の脅威に影響されて自国の問題だけにとらわれるのではなく、より幅広い視野で国際社会の連帯を図っていくことが重要である。

4　地球（Planet）のゴール

ローカルな行動

2019年SDGサミット政治宣言の一つの結論はローカルな行動の強化である。私（南）が東ティモールで経験した非常によい例は、ゴミ処理の問題である。

東ティモールでのゴミ拾い
（著者撮影）

私が東ティモールに着任した2017年においては、首都ディリの海岸には、途上国でよく見られるように、空のペットボトルなどの多くのゴミが散乱していた。東ティモールはこれといった産業がない国であり、それゆえに観光業は、国の発展に向けての一つの可能性を秘めた産業として多くの人々が期待をかけているものである。にもかかわらず、首都の海岸にゴミが散乱しているのであれば、観光客を引きつけるものとはとうていなり得ないのは明らかである。私のみならず、多くの外国人は放置されたペットボトル、汚れたままの海岸線を見て心を痛めていた。しかし、そのような気持ちを持っていたのは外国人だけでなく、多くの若い東ティモールの人々も同じであった。２０１８年に入り、汚れた海岸を問題視して、なんとかせねばと思う若い人たちが多く出てきたのである。この結果、多くの若い東ティモールの人々、ＮＧＯそして東ティモール政府関係者が海岸などに散乱していたゴミを自発的に片づけることによって、ディリ市の海岸はかなりきれいになったのである（私もそのいくつかの作業に参加した）。海岸を清掃するのみならず、川に放置されていたゴミも相当に片づけた。東ティモールでは、市内でのゴミ集積場があまり明確でないために、多くの住民が住宅街の中を流れる川にゴミを投棄する。乾期に河床に放置されていたゴミが、雨期に川が増水することによって海に流されてしまうため、海岸のゴミのみならず、川のゴミも相当に問題が大きかったのである。

またさらに、ディリ市内のいくつかのスーパーマーケットにおいても、プラスチックのバッグをやめて、キャッサバで作られるバッグを使用するところが出てきた。このバッグは、インドネシアのバリ島にある企業が作ったバイオプラスチックのものであり、比較的短期間で自然分解されるものである。

このように、若い人たちが中心となってゴミについての問題意識を高めたのは非常に素晴らしいことであると考える。おそらくは、ほかの国と比較して東ティモールの町中ではゴミが散乱しているという認識を彼らは強くするに至ったのであろう。日本政府は東ティモールを含めた東南アジアの若い人を日本に招聘するJENESYSというプログラムを実施しているが、日本に行った東ティモールの若い人たちが必ず言うのが、「日本の時間の正確さと町の清潔さに感銘を受けた」ということである。

プラスチックゴミの収集とその先にあるゴール

しかしながら、ペットボトルなどのゴミを片づければそれでよい、という単純な話ではない。確かに目の前の海岸からペットボトルのゴミがなくなって、とりあえずきれいに見えれば満足してしまうのはその通りである。そもそも、そのゴミはどこに持って行くのかと言えば、ゴミはトラックに積まれて、ディリ市内から10キロほど離れた廃棄場に持って行くだけである。そこでゴミは山積みにされて放置され、よくある話であるがしばしば自然発火して、有害ガスを発生している。東ティモールにおいてはほとんど産業がないために、ペットボトルなどのゴミをリサイクルする技術も設備もなく、わずかに金属類のみがリサイクルされるだけである。

一方において、ペットボトルは非常に便利であり、衛生的であるためにきわめて多く消費されている。例えば、東ティモールでは独立記念日などの重要な国家行事では軍事パレードなど、戸外で行われる行事が多い。そのようなときに政府要人、外交団などは戸外のテントで座って見ているのだが、ペットボトル入りの水が支給される。東ティモールでは通年気温は大体30度であるので、そのような配慮はありがたいのではあるが、一方においてゴミを生み出しているわけで、私としては非常に良心の呵責を感じたものである。事実、国連の現地代表などは自分用の金属製ボトルを用意して、ゴミを出さないよう配慮していた。

残念ながら、自発的なゴミ収集がなされるのは首都ディリに限られており、地方に行けばゴミが散乱しているのはよく見る光景である。加えて、なかなか分解されないペットボトルは拾いやすいのだが、キャンディの包みのような小さいビニールのゴミ、劣化して細かくなってしまったプラスチックや発泡スチロールは収集するのが非常に難しい。海岸にはゴミがないように見えても、海中に入ってみればプラスチックやビニールのゴミが浮いていたり、あるいは海底に沈んでいたりするものである。マイクロプラスチックに至っては視認もできない。

結局、単にペットボトルのゴミの収集という問題だけで考えるのではなく、全体のサイクルを考えなければならず、またライフスタイルをどのように変えていくかについても注意を払って、解決を図らなければならないと思う。そしてまたさらに、ゴミの問題は環境だけの問題で

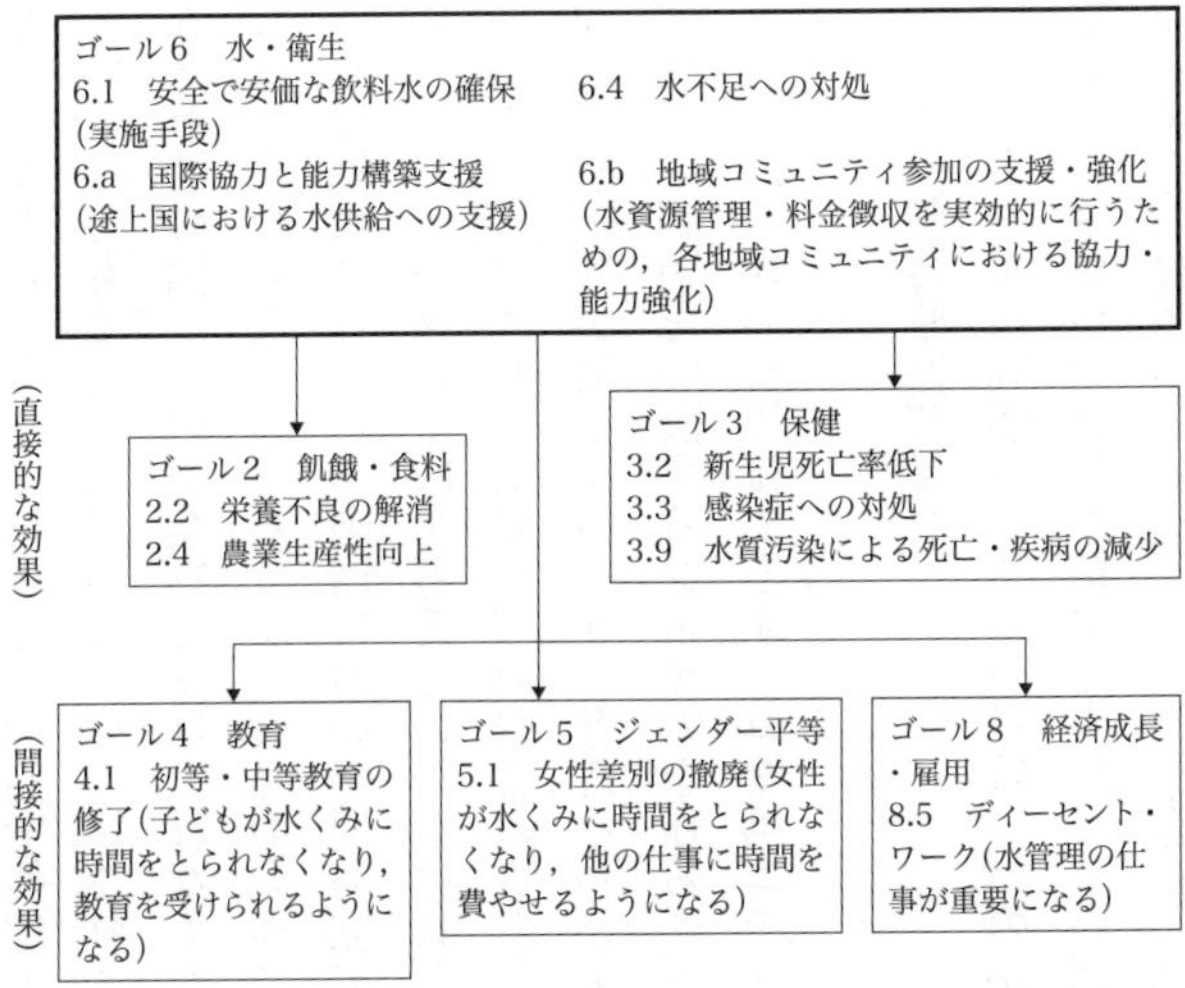

図5-3　ゴール6「水・衛生」の各ゴールとのつながり

はなく、ゴール6の安全な水の問題にも関わってくる。安全な水の供給は保健や栄養、教育やジェンダーにも関わる問題であり、ペットボトルなしに安全な水を得ることが難しくなっている現代の生活の在り方を考えなければならない（図5-3）。

２０１９年、日本において開催されたG20サミットにおいて、海洋プラスチックゴミの問題が大きく取り扱われ、２０５０年までに海洋プラスチックゴミによる追加的な汚染をゼロにまで削減することを目指す「大阪ブルー・オーシャン・ビジョン」が共有されるとともに、G20海洋プラスチックごみ対策実施枠組が合意され、世の中の関心が非常に強まったのは大変に意義深いことであると思う。

しかしながら、今まで日本では国内で処理できないゴミを途上国に持って行って処理していた、ということもまた現実であると思う。これまで産業ゴミを受け入れていた多くの途上国、中国などが他の国からの廃棄物を受け入れなくなってきている現状で、日本はどのようにしていかなければならないのだろうか。製品の全体のサイクルの問題を考えなければならず、再利用をさらに拡大する、日本国内において埋め立て処理場を拡大する、私たちのライフスタイルを変えていく、等々の手段を考えていかなければならないのではないか。しかしそうすると当然のことながらコストは上昇し、消費者の負担が増えるのかもしれない。また、保健衛生など他の問題に悪影響が生じないように考える必要もある。そのような在り方についてきちんと住民が理解し、問題を解決するシステムを作ることが重要であると思う。そしてこのようなゴミ問題は、全国一律の解決はできず、コミュニティごとに解決を図らなければならないのだと思う。

気候変動問題の難しさ

グローバルな問題のうち、一番難しいのが気候変動であろう。なぜかというと、そもそも科学的に正確かつ一致した結論が出しにくい問題であるからである。大気中の二酸化炭素濃度は産業革命以降急速に増加し、2015年に初めて400ppmを超え、2018年には40

7・8ppmに達している。しかしでは、それが世界気温の上昇をもたらし、気候変動を引き起こし、将来的に地球環境に不可逆的な状態を引き起こすのか否か、という点については、国際社会の意見が完全に一致しているわけではない。科学者たちによる組織である、気候変動に関する政府間パネル（IPCC）は、第5次評価報告書（2013～14年）において、地球の温暖化については疑う余地はないとする一方、この温暖化の支配的な原因が、人間活動に由来する可能性がきわめて高いとはしているものの、95％の断言までしかできていない。このパーセンテージは、およそ5年ごとに発表される毎回の評価報告書でその都度上昇してきているが、依然として100％の断言には至っていない。過去の事象についても断言できないのであるから、将来的なことについてはなおさら明確な断言はできないわけである。

2015年にパリで行われた気候変動交渉のCOP21では、パリ協定が合意されている。その長期目標は、地球の平均気温の上昇を産業革命以前に比べて2度未満に抑えることとされているが、その一方で、気温の上昇を1.5度に抑える努力も追求すべきである、ともなっている。島嶼国などの強い主張により、この点はいわば両論併記になっているのであるが、2度の気温上昇と1.5度の気温上昇で、地球環境にどのような違いが具体的にもたらされるのか、ということは非常に難しい問題である。

ＩＰＣＣは、２０１８年に「1.5度特別報告書」という特別報告書を発表しており、その中で1.5度上昇の方が2度上昇よりはるかに便益があるとし、1.5度上昇に抑制することは不可能ではないとしている。しかしながら、そのためには二酸化炭素の累積排出量を一定の範囲内にとどめることが必要であるともしている。問題は、このことを１００％の確信を持って言えることはない上、1.5度以内に抑制するために今後世界が使える二酸化炭素の排出量については不確実性があり、単純な回答はない、ということである。ことほどさように、多くの不確実性の中で中長期的な政策方針を決定しなければならないのが気候変動問題なのである。

難題である第二の理由は、二酸化炭素の排出と経済成長が密接な関連にあるからである。7種類ある温室効果ガスのうち二酸化炭素が気候変動に最も大きな影響を与えており、人為的に排出される二酸化炭素はその大部分がエネルギー由来のものであり、エネルギーを多く使って経済成長を達成している、というのが現実である。もちろん、欧州諸国を中心として再生可能エネルギーの活用を進め、二酸化炭素の排出と経済成長の切り離しを促進する努力が続けられているが、多くの国、特に途上国では依然としてこの二者は密接な関連がある。すなわち、二酸化炭素の排出を抑えようとするのであれば低い経済成長に甘んじるしかないと考える人と国が多いのであり、低成長でよしとする自己犠牲を喜んで行う人と国は少ないのである。どこの国も高い経済成長を望むものであり、高い生活水準を欲している。そのためには二酸化炭素の排出はある程度はやむを得ないと考え、二酸化炭素の排出抑制は後回しにする、あるいは、他の国に責任転嫁することを欲するわけである。途上国からすれば、先進国は二酸化炭素を自由に排出して経済成長を達成してきたではないか、なぜ後進の我々が同じようなことをしてはいけないのだ、ということでもある。気候変動問題を重視する国においてすら、経済成長は重要であり、経済と雇用を維持しつつ気候変動問題を解決することを望んでいるのである。

適応と緩和

２０１９年は、グレタ・トゥーンベリさんという気候変動における時代の寵児が誕生した年でもある。彼女の怒りは、その年の国連総会での発言に見られるとおり、現在発言力を持っている世代に対して向けられている。確かに、私(南)のように２０５０年に生きていれば90歳に達する人間にとっては、将来の気候変動は自分の問題として考えられないのかもしれず、無責任と言われても返す言葉がない。この点、今10代の若者たちとは感じるところ、考えるところが大きく違うであろう。

世界においても日本においても、ここ数年異常気象が続いているように感じられる。とりわけ日本では2019年は台風15号と19号が甚大な被害を与え、2019〜20年の冬は暖冬で降雪量も少なかった。またさらに、2020年7月には、熊本県を中心として豪雨が大きな被害をもたらした。英国のNGOクリスチャン・エイドは、2018年を「気候崩壊の年」と名づけ、2019年には被害額10億ドル以上の気候変動による自然災害が全世界で15件発生しており、うち2件(台風15号と19号)が日本で発生したと報告している。このような自然災害による被害のみならず、農業・水産業などに与える影響も看過できないものとなろう。にもかかわらず、このような変化を、日本では気候変動と結びつけて考える人はまだ多くないように感じる。

2019年に日本でヒットしたアニメ映画『天気の子』の新海誠監督は、東京の国連広報センターの根本かおる所長との対談(2020年1月)の中で、「地球温暖化がこれほどはっきりと目に見える形で危機的状況を及ぼす以前から、日本は他の国と比べて自然災害がとても多い国でした。だから良くも悪くも、環境の変化に過剰適応してしまっていると感じます」と述べている。日本人は、「適応」があまりに得意なのかもしれない。気候変動の分野における対策としては、適応と緩和が二本柱とされており、気候変動に対応して防災などの対策をとる適応の手段と、気候変動を減殺するべく温室効果ガスの排出を削減する緩和の手段の双方が重要である。

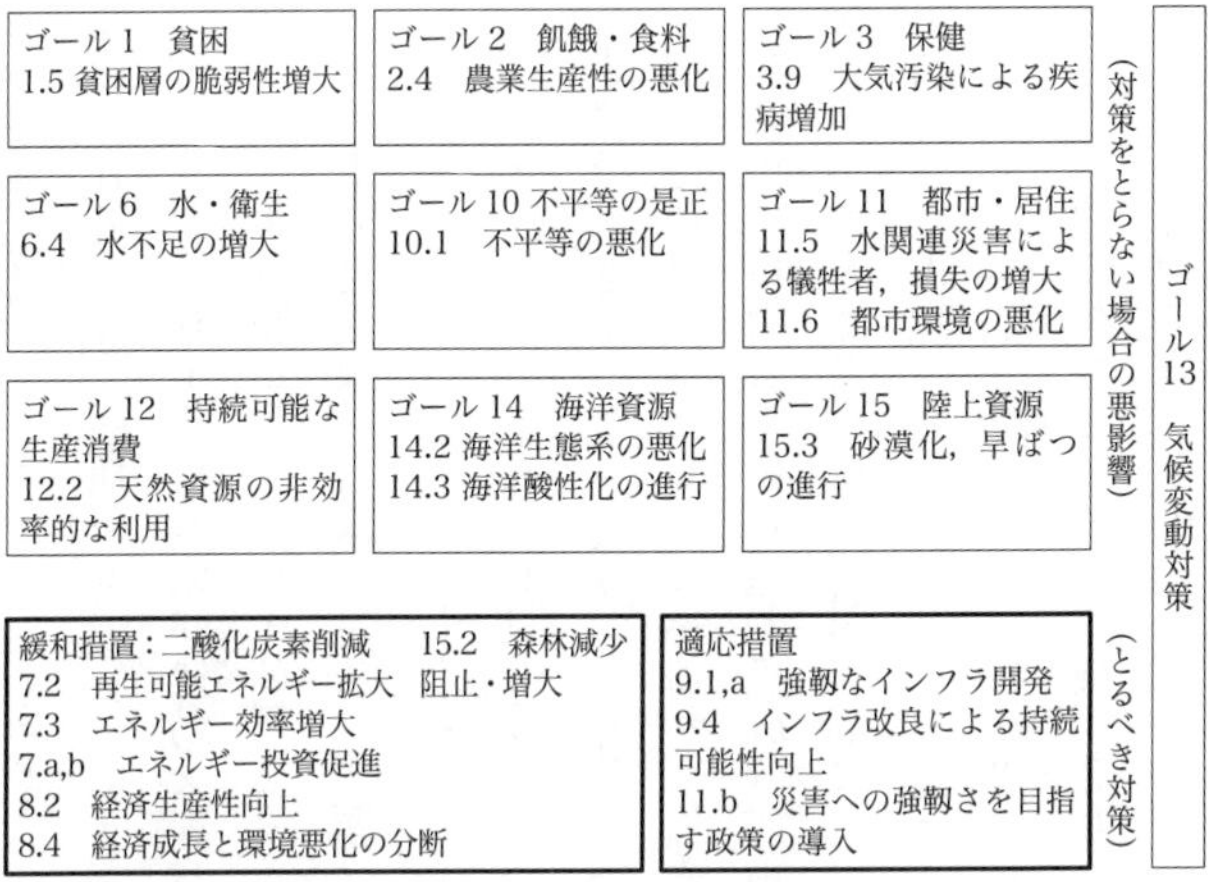

ゴール1　貧困
1.5 貧困層の脆弱性増大
ゴール2　飢餓・食料
2.4　農業生産性の悪化
ゴール3　保健
3.9　大気汚染による疾病増加
ゴール6　水・衛生
6.4　水不足の増大
ゴール10 不平等の是正
10.1　不平等の悪化
ゴール11　都市・居住
11.5　水関連災害による犠牲者，損失の増大
11.6　都市環境の悪化
ゴール12　持続可能な生産消費
12.2　天然資源の非効率的な利用
ゴール14　海洋資源
14.2 海洋生態系の悪化
14.3 海洋酸性化の進行
ゴール15　陸上資源
15.3　砂漠化，旱ばつの進行
（対策をとらない場合の悪影響）
緩和措置：二酸化炭素削減
7.2　再生可能エネルギー拡大
7.3　エネルギー効率増大
7.a,b　エネルギー投資促進
8.2　経済生産性向上
8.4　経済成長と環境悪化の分断
15.2　森林減少阻止・増大
適応措置
9.1,a　強靭なインフラ開発
9.4　インフラ改良による持続可能性向上
11.b　災害への強靭さを目指す政策の導入
（とるべき対策）
ゴール13　気候変動対策

図5-4　ゴール13「気候変動対策」と各ゴールのつながり

結局のところ、適応措置もさることながら、緩和措置、すなわち温室効果ガス、とりわけエネルギー由来の二酸化炭素をどう減らせるかがカギなのである（図5-4）。この面での日本のこれまでの努力をどう判断すべきだろうか。まず、世界全体のエネルギー由来二酸化炭素排出量（2016年）では、日本は3.5%であって、中国の28・2%、米国の15・0%からすればはるかに低い。国民一人当たりのエネルギー由来二酸化炭素排出量では、日本は米国よりは少ないが、ドイツ、英国、フランス、イタリアのいずれよりも多く、中国よりも多く、世界平均の約2倍となっている。一方、国全体の排出量では、1990年からの推移で行けば、日本は11%増加している。中国（329%増）やインド（293%増）は論外であるが、EU諸国

（全体で21％減、ドイツ、英国、フランス、イタリアいずれも個別では減）はもちろんのこと、米国（1％増）よりも大きい増加率となっている。

日本は、2015年の気候変動交渉パリCOP21での合意において、温室効果ガス排出量の2030年目標として2013年比マイナス26％を打ち出しており、これはほかの先進国と比しても十分遜色ない目標である。問題は、2015年のパリ合意における各国の目標は自発的目標であって、これらを足し合わせても、パリ合意がうたっている長期目標、すなわち産業革命以前と比べて1.5度ないしは2度以内に温暖化を抑えるという目標を達成することはできないであろう、ということである（前出のIPCC特別報告書による）。それゆえ、今後目標の引き上げが期待されているわけであるが、日本にそのような準備と意欲はあるのだろうか。日本が2030年に目指している電源構成は、再生可能エネルギー（太陽光、風力、水力など）が22〜24％、原子力が20〜22％、火力（石炭、LNG、石油など）が56％である。しかしながら、2019年の実績では、再生可能エネルギー発電こそ18・5％と順調に伸びているものの、原子力発電は十分に稼働できていないため6・5％にしか達していない。このため、火力発電が全体の75％を占める状態になっている。今後、2030年の目標である温室効果ガス排出量26％マイナスを達成するためには、原子力発電をどのようにすべきであるのか、火力発電をどの水準にすべきであるのか、そして消費者の負担はどの程度になるのか、日本が抱える課題は大きいと言わざるを得ないであろう。実際問題として、日本政府が２０２０年3月30日に発表した日本の貢献策では、「現在の地球温暖化対策の水準から、更なる削減努力の追求に向けた検討を開始する」と述べるにとどまり、マイナス26％の目標数値の引き上げは見送っている。

もちろん、将来何らかの科学技術の画期的な進展が達成されて、問題がドラスティックな解決に向かう可能性がないわけではない。ＣＣＳ（二酸化炭素回収・貯留）であるとか、安価でクリーンなエネルギーを国際的に輸送できる水素技術の開発であるとか、可能性はいろいろある。しかし、グレタさんが「何らかの技術が解決してくれるとか、よくそんなふりをすることができますね」と言ったとおり、私たちは自己欺瞞・自己満足に陥ってはならないのである。

ＣＯＶＩＤ-19後の気候変動問題

ＣＯＶＩＤ-19は気候変動問題にどのような影響を与えるのであろうか。ポジティブな側面としては、各国の経済活動が低下しているため、今現在は二酸化炭素の排出は以前より減少しているであろう、ということである。実際、国際エネルギー機関（ＩＥＡ）は、２０２０年の全世界の二酸化炭素排出量を前年比８％減と推測している。しかしながら、これは追加的な排出が以前のレベルに比べて減少している、ということに過ぎず、森林などの吸収源が大幅に増えない限りは、すでに排出されている二酸化炭素が減るわけではない。それに経済活動が元のように再開されれば、二酸化炭素の排出も元のレベルに戻る可能性が高い。欧州を中心に、COVID‐19を機会に脱炭素のグリーン・リカバリーを目指す動きが出てきているが、依然として経済活動と二酸化炭素排出が強く関連づけられている現在の経済では、二酸化炭素の排出の減少は経済活動の減少すなわち経済成長の低下につながってしまうのであり、それは各国とも望むところではないであろう。

さらに懸念されることは、原油価格の大幅な下落である。すでに産油国の間では減産調整が難しくなっているところに、世界的な航空需要の大幅な低下により、原油に対する需要も大幅に低下している。この結果、2020年4月20日には原油先物価格(WTI)が前例を見ないマイナス価格をつけてしまうという事態が発生し、その後も原油価格は低迷している。もちろん、原油に対する需要の低迷が続く可能性もあるが、他方において、この原油安の下では、原油などの化石燃料を使用する強いインセンティブが働くことになり、各国は二酸化炭素をより多く排出してしまう可能性もある。気候変動問題よりも経済成長をより重視する国が増えても不思議はなく、気候変動問題が国際社会の後方に押しやられてしまう可能性もある。

第2章で明らかにしたとおり、ゴール13の気候変動は最も議論があったゴールであった。このゴールをＳＤＧｓに入れたのはきわめて正しい判断であったと思う。しかしながら、依然としてその実施が最も難しいゴールであると言わざるを得ない。そもそも、気候変動ゴールのターゲットの内容は明確ではなく、何をもって２０３０年の目標を達成したと判断するのか明らかではない。パリ協定の長期目標の内容を基にして、気温上昇を1.5度ないし2度以下に抑えることと考えるとしても、それは長期目標であり２０３０年の目標にはなりえない。長期目標を達成するための２０３０年における具体的目標と、そのための実施手段は確立していないのである。いや、実施手段ははっきりしているのかもしれないが、それを自ら進んで長期にわたり実施しようという国は多くないのである。そして、ＣＯＶＩＤ-19によってこの問題の解決はより難しくなったかもしれない。

「持続可能な開発」とは、「将来世代のニーズを満たす能力を損なうことなく、現在のニーズを満たすような開発」と定義される。この「損なう」の英文はcompromiseであるのだが、その意味するところは、「取り返しのつかない行為によってあるものが被害をこうむること」ということである。まさにそのような危険があるのがこの気候変動問題である。

5　平和(Peace)のゴール

国内外で多発する子どもへの暴力

この節で取り上げたい問題は、子どもに対する暴力をなくすことである。この問題はターゲット16・2として扱われており、「子どもに対する虐待、搾取、取引およびあらゆる形態の暴力および拷問を終息させる」というきわめてシンプルなターゲットである。子どもに対する暴力は、あらゆる国において、いろいろな形で、いつでも起こりうるものである。

例えば、2011年3月以来9年以上内戦が続いているシリアにおいては、戦争そのものが子どもに対する明白な暴力であり(ユニセフは、モニタリングを始めた2014年以降明らかになっているだけで、シリアにおいては9000人以上の子どもたちが死傷したと発表している)、かつ、子どもたちにとっては教育の機会が失われていることにより、子どもたちの未来が奪われている状況にある。2015年9月、ニューヨークにおいてSDGsが採択される直前、ある写真が世界中に報道されて大きな衝撃を与えた。シリア難民であった3歳のアイラン・クルディちゃんがギリシアに渡ろうとした親に連れられて海で遭難し、トルコの海岸に死体となって打ち上げられた写真である。

一方、日本のように平和で経済的に発展した国においても、子どもに対する暴力、虐待はいろいろな形で存在する。学校におけるいじめ、家庭内暴力、インターネットでの中傷、児童ポルノなどである。最近においても、２０１７年当時19歳の娘に性的暴行を加えたとして準強制性交罪に問われた父親の判決(第1審では無罪、第2審では有罪懲役10年)や、２０１９年1月に千葉県野田市において父親に虐待されて亡くなった栗原心愛さんの事件などがあり、子どもに対する暴力の問題についての関心が高まっているものと思う。

日本においては、２０１９年に全国の警察が摘発した児童虐待事件は１９７２件、被害を受けた子どもは１９９１人にのぼっており、その数は毎年増えている。そして死者は54人であった。要するに、毎週1人の子どもが虐待により亡くなっているということである。

また、２０１８年度に日本国内の児童相談所が児童虐待相談として対応した件数は15万９８５０件にものぼる。この相談件数も、統計を取り始めた１９９０年度以来毎年記録を更新しているのはよく知られているところである。

このような日本国内の認識の高まりを受けて、２０１９年に児童虐待防止法が改正され(施行は２０２０年4月)、親権者が子どものしつけに際して体罰を加えることが禁止された。これなどは関係者のこれまでのたゆまぬ努力の結果であろう。

しかしながら、児童虐待をどのようになくしていくか、というのは単純ではなく、長い道のりである。そもそも、上記の通り統計を見る限りでは毎年日本では大幅に児童虐待は増えており、状況は悪化しているということになってしまうが、実態としては、人々の認識が高まり、相談件数・通報件数が増えているということであろうかと思う。そうであればどのようなデータが実態を示すものとして信頼の置けるものなのだろうか。さらに、より根本的には、児童相談所、学校、幼稚園、保育園、警察など関係する当局は多岐にわたり、これらの連携調整が大事である、と言ってしまうのは簡単であるが、そもそも子どもの問題を専門に担当する司令塔的な官庁当局は日本には存在しない。どのようにしたら関係機関の連絡調整がうまくできるのだろうか。

国連においても、このターゲット16・2の内容のような、子どもに対する虐待、暴力などの廃絶を専門に、かつ幅広く扱っている機関はない。ユニセフや、子どもへの暴力に関する国連事務総長特別代表、児童の権利条約委員会などいろいろな組織がそれぞれの役割で関わってくるが、このターゲット16・2を専門に、かつ、すべての事項を扱っている単一の組織はない。それほどターゲット16・2の内容はシンプルであるが広いのである。

子どもに対する暴力廃絶のためのグローバル・パートナーシップ

このような事情を背景として、２０１６年９月に、「子どもに対する暴力廃絶のためのグローバル・パートナーシップ」(Global Partnership to End Violence Against Children, GPeVAC)という国際的なパートナーシップが発足した。このパートナーシップは、この動きに賛同する国家をパスファインダー国(先駆けとなる国)としてメンバーに迎え、ＮＧＯ、宗教団体、国際機関なども参加したマルチステークホルダー・パートナーシップである。きちんとした組織を作るのではなく、志を同じくする多くの組織の間の結合体を作り、この問題に取り組んでいく方法をとったのである。パスファインダー国は、子どもに対する暴力廃絶にコミットし、法律や社会規範などを変革し、データを集めて国内行動計画を策定することが要請されており、他の国の範となることが望まれている。当初、パスファインダー国は10カ国であったが、現在までのところフランス、カナダ、ブラジル、インドネシアなど29カ国を数える。日本も２０１８年２月に参加することを決定している。

しかしながら、前述の通り、子どもに対する暴力についてのデータを集める、ということからしてかなり難しい作業である。ターゲット16・2の指標としては３つ規定されており、過去

1カ月における保護者等からの暴力等を受けた子どもの割合、人身取引の犠牲者数、18歳までに性的暴力を受けた若年男女の割合があげられている。これだけではとてもターゲットの進展を計測するには不十分であると思われるが、SDGsの指標は可能な限り数を絞る、という方針があったためにやむを得ない部分があると思われる。

ターゲット16・2においては、年限は明示されていない。ほかのターゲットにも年限が明示されていないものがあるが(例えばゴール5のジェンダー平等)、年限が明示されていないということは、すぐに達成しなければならないターゲットであることを意味している。今後、速やかな形で、信頼できるデータをとり、各国において有効な手段をとり、子どもが安心して暮らせる世界を作り出すべきである。前述の通り、この問題は幅広く、関与すべき人々、組織などステークホルダーは多様であり数が多い。それらが協力して、そしてコミュニティの人々が関与して、このターゲットを達成すべきなのである。「子どもは国の宝」であり、皆の力によってそれを実現すべきである。

6 パートナーシップ(Partnership)のゴール

マンハッタンを対岸から見る

ＳＤＧｓが採択されてから4年後の２０１９年9月末、私（稲場）は国連ＳＤＧサミットと「ユニバーサル・ヘルス・カバレッジに関するハイレベル会合」に参加するため、ニューヨークを訪れた。このニューヨーク訪問には問題があった。マンハッタンは特にホテル代が高いため、私のような小規模なＮＧＯ関係者は国連本部から歩いて7〜8分の所にあるバンダービルトＹＭＣＡを定宿にしている。ごく小さな部屋にベッドとテレビ、クーラーがあるだけの極端に簡素なつくりで、うっかりすると共同トイレに行くのに廊下を百メートル以上歩かなければならないが、それでも国連総会期間中は一泊１００ドルの値を付けている。今回はこのＹＭＣＡが満室で、私は国連本部からイースト川を挟んで対岸、若干北側に位置するホテルをとった。国連からよく見える巨大なレイブンズウッド火力発電所のすぐ裏手で、もともと自動車整備工場街

マンハッタン対岸地区のデリ
（椎名規之氏撮影）

だったところに新しく安ホテルがいくつかオープンしている。

ホテルがある地区と、その南側の地区の間にある通りに、デリ(惣菜店)がある。入ってみて驚いたのは、品ぞろえがマンハッタンの国連周辺のデリと全く異なることだった。国連周辺のデリは、曲がりなりにも何種類もの惣菜が用意されており、サラダや果物などもふんだんにあり、ある種の「豊かさ」を演出している。ところが、この地域のデリには、そういった種類のものは何もない。棚に並んでいるのは、砂糖漬けの菓子パンの類や、塩と油まみれのジャンクフード、色とりどりの清涼飲料水ばかり。あきらめて他のデリを探し、その通りにある数軒のデリすべてに足を運んで、品ぞろえがどこも同じであることに気づいた。ちょうどその通りの南側に、くねくねと奇妙な形をした規模の大きな古いレンガ造りのビルが、同じデザインでいくつも並んでいた。ニューヨーク市住宅公社が管理し、数万人の都市貧困層――住民のほとんどは、アフリカン・アメリカンかヒスパニックである――が起居する全米最大の公営住宅群、クイーンズブリッジ北団地である。日曜日に同じ通りに出てみると、デリやその他のお店を冷やかして歩いているお年寄りに何人も出くわす。おばあさんたちの表情は一様に明るく、知り合いと会えば大声で談笑しあっているが、その体格はどうみても健康的とは言えなかった。この人たちには、日々の食事に何らかの選択肢があるわけではない。肥満と糖尿病、高血圧などに悩まされるこの団地の高齢者たちは、80年前に建てられたこの団地の、立ち並ぶ6階建てY字型の建物群を何とかやり過ごして通りまで出て、デリでさっきのようなお菓子や食べ物の類を買って日々の食事とするのである。

私は毎日、その通りをニューヨーク市営地下鉄F線の21丁目クイーンズブリッジ駅から国連へと向かい、会合に出席し、世界の公共医療への投資拡大を訴える「パートナーズ・イン・ヘルス」や「ピープルズ・ヘルス・ムーブメント」「ヘルス・ギャップ」など社会運動系NGOの小規模なデモに合流する。ごく一部の人しか参加できないSDGサミットには出る機会がなく、国連から通りを一つ隔てた市民社会活動の拠点「チャーチ・センター」で行われた「ピープルズ・サミット」で科学技術イノベーションに関するセミナーを主催し、そこで、本章で紹介したブラジルの経済学者クラウディオ・フェルナンデスさんから、「シンデミック」の話を聞いた。食の選択肢が奪われ、「子どもの肥満」が量産されている中南米や太平洋諸島と、クイーンズブリッジ北団地は、「シンデミック」という共通項でつながっていた。それから半年して、COVID-19がニューヨークを襲った。クイーンズのCOVID-19による死者は5月3日までに4294名、ニューヨーク全体の死者数のうち、黒人系住民が占める割合は28%、ヒスパニック系住民が占める割合は34%である。ニューヨーク市住宅公社は、クイーンズブリッジ北団地を含む3つの規模の大きな公営住宅群に、仮設のPCR検査センターを開設した。COVID-19は特に、糖尿病や高血圧などの基礎疾患を持つ高齢者において重篤化する。人口規模すら明らかでなく、多くの人々が狭い部屋に寄り添って暮らすこの団地には、ステイ・ホームで感染をやり過ごせる、安全な場所はない。

つながる問題、広がる分断

問題はつながっている。しかし、その問題に直面している人々は分断されている。米国では、州レベルで続けられている外出制限措置が憲法違反であるとして、これを撤廃もしくは緩和することを要求する抗議行動が起こっている。「COVID-19否定論」を主張しているのは、気候変動の存在なども否定してきた陰謀論者たちと重なるが、その主張を支持しているのは、先ほどのクイーンズブリッジ北団地の人々とは異なるものの、同様の生活苦に直面している、低所得の白人たちだ。彼らはかつての工業中心の経済において、自分たちがこの国を成り立たせているというプライドと、そこそこの健康で文化的な生活を手にしていた。その後、産業の高度化の中で打ち捨てられ、放置された人々は、単に貧しいというだけでなく、誇りを踏みにじられたという強い屈辱を感じている。この屈辱感が、分断を生む。同じような経済的苦境にあったとしても、彼らは例えばクイーンズブリッジ北団地の人々と交わることにはならない。むしろ、水と油のごとく反目しあうのだ。これは米国のみならず、日本でも、世界のどこでも見られる現象である。

COVID-19はグローバルな危機であり、グローバルな対応が不可欠だ。世界の政治指導者の多くがそのことを痛感している。欧米で爆発した感染の波が徐々に落ち着いてきた4月24日、WHO、保健関係の各種の国際機関、ゲイツ財団などが連携して、COVID-19の診断、治療、予防手段の開発と、開発された新製品の世界規模での平等なアクセスを進めるための枠組みACTアクセラレーター（COVID-19関連製品アクセス促進枠組み）イニシアティブが設立され、5月4日には、EUや欧州諸国、日本、G20議長国であるサウジアラビア、南アフリカ共和国などのG20諸国、アフリカ連合の首脳やゲイツ財団などの巨大民間財団、国際機関のリーダーがバーチャル出席して資金誓約会合が開催され、目標金額とされた75億ユーロ（80億米ドル）の資金確保を達成した。これは、COVID-19の脅威を克服するために世界が見せた連帯の精神の表れ、と言うことができる。しかし、そこには、COVID-19で最大の被害を受けている米国の大統領の姿はなかった。

SDGsが取り組む「慢性的危機」の代表格、気候変動に関して広がる世代間の分断は、文字通り、「持続可能な社会」をめぐる対立である。グレタ・トゥーンベリさんをはじめとする若い世代が、より先の「将来世代」とともに懸念するのは、「現在世代」が自らのニーズとやり方に固執し、若い世代、そして将来世代のニーズと可能性を満たすための資源を収奪しているのではないか、ということだ。実際に、現在世代は、現代の社会・経済システムを維持するのに、「地球1・69個分」の資源を使い続けているのだから、この「収奪」は明白な事実だ。COVID‐19はこの現実に拍車をかける。世界的なロックダウンと学校の休校措置により、子どもたちが教育を受ける権利が失われている。対価を支払って民間のオンラインサービスを得られる子どもたちと、そうでない子どもたちの間にギャップが開きつつある。一方、石油価格は、サウジアラビアによる増産と、世界的なロックダウン措置による需要の急減で低落し、4月20日には、原油先物価格がマイナスをつけた。この傾向が危険なのは、COVID‐19による、歴史的ともいえる経済の落ち込みを急速に回復するために、「非常手段」として、再び、安易に化石燃料に依存することにつながりかねない、ということである。慢性的危機は、それが深化すればするほど、巨大な急性的危機をより頻繁に生むことになる。COVID‐19の急性的危機のさなかにあって私たちが見なければならないのは、二つの危機の二項対立ではなく、いかにこれらの危機がつながっているか、ということだ。急性的危機の打開の方法は、逆に、そこを明らかにすることによってこそ見えてくる。

SDGsが持つ、つながった人々の力

本書の冒頭で、SDGsは気候変動や格差拡大等の「慢性的危機」に直面した国際社会が、3年の期間をかけて策定した「危機の時代の羅針盤」であると述べた。第2章では、SDGsの策定がどのようなプロセスで実現したかを詳述している。それはまさに、外交官を始め、国際機関、民間企業、民間財団、市民社会、そして当事者たちが、厳しい対立や分断を乗り越え、力を合わせて17のゴールと169のターゲットを持つ一つの目標を作り出した、多国間外交史上、稀有な経験であった。このように作られたSDGsが、特にターゲット16・6(有力で説明責任のある透明性の高い公共機関)と16・7(対応的、包摂的、参画型で代表制に基づく意思決定)、および17・17(マルチステークホルダー・パートナーシップ)で、その実施を、もちろん政府は第一義的に責任を負うにしても、マルチステークホルダーに開放したことによって、日本でも世界でも、直面する慢性的危機を解決し、未来を切り開くための取り組みが、多様な人々によって実践されていることを、第3章、第4章で示した。COVID-19の急性的危機を打開し、これを慢性的危機に直面する世界の「変革」につなげるための道筋は、SDGsによって、既に示され

ていること、そして、その主要なエンジンが、ゴール16、17で示される「参加型民主主義」にあることを、私たちは見てきた。

第5章で紹介した、ベトナムのホーチミン・シティでホームレスの人々の健康や生活の改善の取り組みを行っているベトナムのクアット・チー・ハイ・オアン医師は、もともと、ベトナム社会の辺縁に位置づけられていた、HIV陽性者や、HIVへの感染可能性の高い、薬物を使用する人々、セックスワーカーやLGBTのコミュニティの支援を行っていた。コミュニティの人々と仕事を始めて、彼ら自身に多くの能力が備わっていることがわかったという。「彼ら自身に、能力と才能がある。機会を与えられれば、なんだってできる。彼らは受益者じゃなく、パートナーなんだ、と思うようになりました。それが今の活動のアイデアになりました。「彼らとともに働く。すべての人が、可能性を持っている。それが何らかの理由で弱められているだけ。そして、彼ら自身も、自分たちに可能性があると思っていない。その可能性を引き出すのが、私たちのしごと」ってね」。その仕事はやがて、「社会主義共和国」を名乗るベトナムでの、積極的なアドボカシー活動へと結びついた。「主流社会を、もっと彼らに対してオープンにする。一方で、サポートを通じて、周縁化されたコミュニティを力づける。一人じゃ何もできないけど、それが3人、4人、5人、1000人になれば変えられる。セックスワーカーのコミュニティと政府との対話も、最初はみんな、泣いて自分の窮状を訴えたけど、今は違う。自信をもって、提言する。そうすれば変えられる」。

今、その変革の旅は、世界に結びついている。エイズ・結核・マラリアに関わる途上国の市民社会を代表して国際会議をはしごするオアンさんがホームレスの課題で結びついたのは、実は日本の市民社会だ。オアンさんには、いわば同志といえる日本人がいた。WHOで東南アジア諸国のエイズ対策に取り組んでいた医師の藤田雅美さんである。藤田さんは、2000年代にベトナムに赴任し、北タイで作られた、HIV陽性者たちが中核的な役割をはたす包摂的なケアの仕組みを念頭に、ベトナムでモデルを作ろうと努力していた。ベトナムの様々な制約の中でコミュニティ主導の活動を根づかせようとしていたときに、共に働いた仲間がオアンさんだった。オアンさんは、日本に帰国し国立国際医療研究センター国際医療協力局に所属することになった藤田さんと2017年、ある国際会議で再会し、世界の「最も取り残されやすい人たち」について一緒に学び考える機会を得ることとなったのである。オアンさんとの再会をきっかけに、エイズや結核などの健康課題の背景にあるホームレス等の「最も取り残されやすい人たち」が直面する社会的脆弱性に目を向けることになった藤田さんは言う。「私自身、自分の仕事として個別の疾病対策を如何に効率的に進められるか、という観点から「最も取り残されやすい人たち」の予防や治療を考えがちでした。しかし、オアンさんらの活動を見せてもらい議論することを通して、これらの人たちは、社会が持つ様々な課題の交差点に位置していて、間接的に私自身の生活や趣味である野球を通して知り合ってきた東南アジア諸国の人々の暮らしにもつながっていることを学びました。また、タイ、韓国などのアジア諸国には、ホームレスの問題に、当事者を中心に据えたコミュニティ・オーガナイジングによって、包括的に取り組んできた経験がある。こうした経験に、ベトナムや日本がつながっていくことが大事なんじゃないかと思うようになりました。そういうところに、SDGsが大事な機会を提供しているのではないか、と私は思います。つまり、多くの人たちが自分の仕事を通してだけでなく、家庭や趣味のグループを含めた、自分の所属する様々なコミュニティの一員として複数の社会課題に関わることを人生の豊かさと感じられるようになり、そうした営みが同時発生的に国や地域や課題を越えてつながっていったときに、今までとは違う社会の変革の仕方が見えてくるのではないか」。オアンさんと藤田さんの取り組みは、いわゆる国際保健という枠を超え、社会保障、コミュニティと政府の関係の在り方の変化といったところにも大きくつながっている。

オアンさんは言う。「COVID-19でホームレスの人々は困窮しています。しかし、私たちがそのことを社会に訴えたところ、ベトナム国内から、大きな寄付や励ましのメッセージが集まりました。今までこんなことはなかった。COVID-19の危機の中でも、変化を感じます」。

SDGsには、危機を突破し、それを「持続可能な社会」に向けた変革につなげていくだけの力がある。その力の源泉は、その包摂性と参加型民主主義によって、いままでつながったことのない人々をつなげていくところ、つながった人々の力を新しいエンジンにして行けるところにこそある。COVID-19の急性的危機のさなかでこそ、SDGsが持つ、この力にこそ信を置きたい。

あとがき

2015年9月25日は、私(南)にとって生涯忘れることのない日である。いうまでもなく、SDGsが正式に採択された日であり、2015年国連総会ハイレベルウィークの初日であり、フランシスコ・ローマ教皇が国連を訪問してスピーチをする日でもあった。当然のことながら、ニューヨークの国連本部総会議場には朝早くから多くの人がつめかけていた。教皇のスピーチ目当ての人も多くいただろうが、2030アジェンダ、SDGsの正式採択の瞬間を共有したいという気持ちから多くの人が押しかけていたのである。これは、この交渉に携わった交渉官すべてに共通する思いであったろう。ところが、よく知られているとおり、総会議場は1カ国6つしか席はなく、ハイレベルウィークの間は、国連事務局は1カ国あたり6枚しか総会議場への通行証を出していないのである。9月25日時点では、日本からは安倍晋三総理(当時)そのほかの政府要人はまだニューヨークに到着していなかったので、交渉に参加していた私および2名の同僚交渉官は、通行証を得て会議場に入ることができた。これを見た、会議場に入れない各国の交渉官たちはなんとうらやんだことか。彼らは、そもそも通行証を手に入れられないか、本国からのＶＩＰ接遇で忙しくて、このような晴れの場に出ることはなかなかできないのである。

総会議場では、もちろん各国の席は満杯である。事務局の人々が座る席ももちろん満杯である。それのみならず、フリンジ部分に人がたくさん詰めかけて、座ることはできないもののかなりの人が立ち見をしている状態である。これほどの満員御礼はないであろう。そして、正面の高いところにある議長席には、第70回国連総会議長のデンマーク出身モーエンス・リュッケトフト、パン・ギムン事務総長、国連事務局総会・会議サービス局長のテゲ・ゲットゥが着席して、イベントが始まる。限られた数の一般聴衆者が入れる、会議場の最上段部分から、史上最年少のノーベル平和賞受賞者マララ・ユスフザイが、教育の重要性を力強く説く。マララほか、若い人々が青いライトを持ち、幻想的とすら言える光景を作り出す。そして総会議長が、２０３０アジェンダの採択、第70回国連総会の決議第1号の採択を宣言する。スポットライトが乱舞する中、各国代表団は皆立ち上がり、熱狂的に祝福した。

あれから5年、今国際社会はＣＯＶＩＤ-19に翻弄されている。２０２０年8月末時点で全世界の感染者は２５００万人、死者は85万人に達し、その勢いはとどまる気配がない。経済的な影響も大きく、ＩＭＦによれば、２０２０年の世界経済は4.4％のマイナス成長が予測されており、来年以降も非常に不透明な状況になっている。

5年の間に、これほど急激に状況が変わることを誰が予想したであろうか。グローバル化が進み、国際的な人的往来、貿易は増加する一方であったのに、極めて古典的な感染症対策であるところの各国の水際防疫措置、感染者の隔離措置、渡航制限、外出禁止などが多くの国で取られるようになるとは、予想もつかないことであった。

このＣＯＶＩＤ-19の感染が一段落ついたとしても、国際社会の在り方がどのようになるのかは不透明である。とりわけ懸念されるのは、今後の国際協力の行方である。各国とも自国経済の回復、雇用の改善を最優先課題として対策をとっていくこととなるであろうが、この結果、国際協力への熱意が失われ、ＳＤＧｓに対する関心が薄れる可能性があるのではないだろうか。現在米国と中国が対立を深め、ＥＵは英国の離脱交渉を進めなければならない状況にあり、強い指導力を発揮できる国があるのか、強く懸念される。

国際社会が１００年前のスペイン風邪を乗り越えたように、今回のＣＯＶＩＤ-19の危機を乗り越えることは可能であろう。今後とも保健衛生の問題が大きな問題として残るとしても、ＳＤＧｓが目指した世界、貧困の解消、地球環境の保全は依然として大きな課題として我々の前にたちはだかっている。国際的・国内的な不公平の是正も含めたこれらの大きな課題は、我々の社会の存続・安定に関わるものである。ＣＯＶＩＤ－19により、ＳＤＧｓに対する関心が一時的に低下するとしても、長期的には我々が国内・国外でパートナーシップを作り、取り組まなければならない問題なのである。これは人間の尊厳と存在に関わる問題なのだと思う。

この本を一緒に執筆した稲場雅紀さんは、ＳＤＧｓ交渉をしていた過程で知り合った。私は日本政府の交渉官であり、稲場さんはＮＧＯのメンバーとしてＳＤＧｓ交渉に関与しており、開発、環境関係のＮＧＯをとりまとめて日本政府と対話を行う中心メンバーであった。今回、彼とともにこの本を執筆することになったのは良い経験であったし、彼が本の方向性を持たせ、アイデアを出し、構成を整理してくれて本当に感謝している。稲場さんが第1章、第3章2、第4章、第5章2、3(科学技術部分)、6を執筆し、それ以外は私が執筆した。

また、岩波書店の島村典行さんには、我々のばらばらとも言える原稿を整理していただき、感謝申し上げたい。

この本に示されている意見や考えは私の個人的な意見や考えであり、私が所属する組織、外務省の考えとは異なること、並びにこの本の内容は国連により了解を得たものではなく、かつ国連、同事務局あるいは加盟国いずれの意見をも反映したものではないことを明記しておきたい。

最後に、ＳＤＧｓ交渉で一緒に闘った同僚であり、そして過去の記録を確認するために協力していただいた、宮野理子さんと大西知子さんに心からの感謝を捧げたい。

南　博

＊

２０１２年からの国連でのＳＤＧｓ交渉の過程で意欲的にＮＧＯとの対話を推進してくれた共著者の南博さんが、東ティモール大使を務めていた２０１８年、私にＳＤＧｓ交渉の手記を送ってくれた。ＳＤＧｓ交渉は、２０３０年までの世界のゴールを３年間かけて決めた、歴史的にも例を見ない多国間外交プロセスである。日本の首席交渉官がそのプロセスを余すところなく書いた手記といえば、まさに歴史的遺産といっても過言ではない。そんな重要なものを一介のＮＧＯ活動家である私に送ってくれたことに感動した。

一方、日本では「ＳＤＧｓ」自体は徐々に注目されてきたが、それを作り上げた多国間外交やそこに流れる国際的な連帯の考え方は十分に注目されてこなかった。だからこそ、これを出版することには意味があると考えた。外交官とNGOのパートナーシップで一冊の本が出来上がったのも、マルチステークホルダー・パートナーシップを原則におくSDGsのなせる業であろう。南大使と、尽力いただいた岩波書店の島村典行さんに心から感謝を申し上げる。

また、現在のSDGsの諸相について執筆するうえでインタビューに応じてくださった皆様に心から感謝する。ともすればSDGsの原点を見失ってしまいそうであったところ、すべてのインタビューを通じて、私はSDGsのあるべき姿や、「持続可能な社会」を希求する人間の崇高さ、コミュニティの力に感銘を新たにした。これらのインタビューで、私は「持続可能な社会」の実現に向けて、新たな意思を手にすることができたように思う。この国ではNGOは残念ながらまだまだ微力であるが、SDGsを基本理念に、COVID-19を克服し、新たな社会づくりに向けて大胆に歩みを進めていきたい。

稲場雅紀

岩波新書新赤版一〇〇〇点に際して

ひとつの時代が終わったと言われて久しい。だが、その先にいかなる時代を展望するのか、私たちはその輪郭すら描きえていない。二〇世紀から持ち越した課題の多くは、未だ解決の緒を見つけることのできないままであり、二一世紀が新たに招きよせた問題も少なくない。グローバル資本主義の浸透、憎悪の連鎖、暴力の応酬――世界は混沌として深い不安の只中にある。

現代社会においては変化が常態となり、速さと新しさに絶対的な価値が与えられた。消費社会の深化と情報技術の革命は、種々の境界を無くし、人々の生活やコミュニケーションの様式を根底から変容させてきた。ライフスタイルは多様化し、一面では個人の生き方をそれぞれが選びとる時代が始まっている。同時に、新たな格差が生まれ、様々な次元での亀裂や分断が深まっている。社会や歴史に対する意識が揺らぎ、普遍的な理念に対する根本的な懐疑や、現実を変えることへの無力感がひそかに根を張りつつある。そして生きることに誰もが困難を覚える時代が到来している。

しかし、日常生活のそれぞれの場で、自由と民主主義を獲得し実践することを通じて、私たち自身がそうした閉塞を乗り超え、希望の時代の幕開けを告げてゆくことは不可能ではあるまい。そのために、いま求められていること――それは、個と個の間で開かれた対話を積み重ねながら、人間らしく生きることの条件について一人ひとりが粘り強く思考することではないか。その営みの糧となるものが、教養に外ならないと私たちは考える。歴史とは何か、よく生きるとはいかなることか、世界そして人間はどこへ向かうべきなのか――こうした根源的な問いとの格闘が、文化と知の厚みを作り出し、個人と社会を支える基盤としての教養となった。まさにそのような教養への道案内こそ、岩波新書が創刊以来、追求してきたことである。

岩波新書は、日中戦争下の一九三八年一一月に赤版として創刊された。創刊の辞は、道義の精神に則らない日本の行動を憂慮し、批判的精神と良心的行動の欠如を戒めつつ、現代人の現代的教養を刊行の目的とする、と謳っている。以後、青版、黄版、新赤版と装いを改めながら、合計二五〇〇点余りを世に問うてきた。そして、いままた新赤版が一〇〇〇点を迎えたのを機に、人間の理性と良心への信頼を再確認し、それに裏打ちされた文化を培っていく決意を込めて、新しい装丁のもとに再出発したいと思う。一冊一冊から吹き出す新風が一人でも多くの読者の許に届くこと、そして希望ある時代への想像力を豊かにかき立てることを切に願う。

（二〇〇六年四月）

南　博

1959年生まれ．東京大学法学部卒業，ケンブリッジ大学経済学修士．83年外務省入省，中国大使館，英国大使館，ジュネーブ代表部，ロシア大使館，国連代表部に勤務．2012年から15年にかけて，日本政府の首席交渉官としてSDGs交渉を担当する．在東ティモール大使，広報外交担当日本政府代表・大使を経て，現在，在オランダ大使．

稲場雅紀

1969年生まれ．東京大学文学部卒業．2002年からNPO法人アフリカ日本協議会でエイズ，保健分野を担当．MDGs達成に向けた市民社会ネットワークを主導．2012年から市民社会としてSDGs策定に関わる．16年SDGs市民社会ネットワークを設立，現在，政策担当顧問．2016年より政府「SDGs推進円卓会議」の構成員．

SDGs—危機の時代の羅針盤　　岩波新書（新赤版）1854

2020年11月20日　第1刷発行
2024年5月15日　第9刷発行

著　者　南《みなみ》　博《ひろし》　稲場雅紀《いなばまさき》

発行者　坂本政謙

発行所　株式会社　岩波書店
〒101-8002　東京都千代田区一ツ橋2-5-5
案内　03-5210-4000　営業部　03-5210-4111
https://www.iwanami.co.jp/

新書編集部　03-5210-4054
https://www.iwanami.co.jp/sin/

印刷製本・法令印刷　カバー・半七印刷

ISBN 978-4-00-431854-5　　Printed in Japan

SDGs(持続可能な開発目標)のゴールとターゲット

＊総務省による仮訳(2019年8月最終更新)について，著者(稲場)が最低限の校正を加えたものである

ゴール1　あらゆる場所のあらゆる形態の貧困を終わらせる

ターゲット

(ターゲット)

1.1　2030年までに，現在「1日1.25ドル未満で生活する人々」として定義されている「極度の貧困」をあらゆる場所で終わらせる.

1.2　2030年までに，各国定義によるあらゆる次元の貧困状態にある，すべての年齢の男性，女性，子どもの割合を半減させる.

1.3　各国において最低限の基準を含む適切な社会保護制度および対策を実施し，2030年までに貧困層および脆弱層に対し十分な保護を達成する.

1.4　2030年までに，貧困層および脆弱層をはじめ，すべての男性および女性が，基礎的サービスへのアクセス，土地およびその他の形態の財産に対する所有権と管理権限，相続財産，天然資源，適切な新技術，マイクロファイナンスを含む金融サービスに加え，経済的資源についても，平等な権利を持つことができる形で確保する.

1.5　2030年までに，貧困層や脆弱な状況にある人々のレジリエンス(強靭性・回復力)を構築し，気候変動に関連する極端な気象現象やその他の経済，社会，環境的ショックや災害への暴露を減らし，また脆弱性を軽減する.

(実施手段)

1.a　あらゆる次元での貧困を根絶するための計画や政策を実施するべく，後発開発途上国をはじめとする開発途上国に対して適切かつ予測可能な手段を講じるため，開発協力の強化などを通じて，さまざまな供給源からの相当量の資源の動員を確保する.

1.b　貧困をなくすための行動への投資拡大を支援するため，国，地域および国際レベルで，貧困層やジェンダーに配慮した開発戦略に基づいた適正な政策的枠組みを構築する.

ゴール2　飢餓を終わらせ，食料安定保障および栄養改善を実現し，持続可能な農業を促進する

ターゲット

（ターゲット）

2.1　2030年までに，飢餓を終わらせ，すべての人々，特に貧困層および幼児を含む脆弱な立場にある人々が一年中安全かつ栄養のある食料を十分得られるようにする．

2.2　5歳未満の子どもの発育阻害や消耗性疾患について国際的に合意されたターゲットを2025年までに達成するなど，2030年までにあらゆる形態の栄養不良を解消し，思春期の女の子，妊婦・授乳婦および高齢者の栄養ニーズへの対処を行う．

2.3　2030年までに，土地，その他の生産資源や，投入財，知識，金融サービス，市場および高付加価値化や非農業雇用の機会への確実かつ平等なアクセスの確保などを通じて，女性，先住民，家族農家，牧畜民および漁業者をはじめとする小規模食料生産者の農業生産性および所得を倍増させる．

2.4　2030年までに，生産性を向上させ，生産量を増やし，生態系を維持し，気候変動や極端な気象現象，旱ばつ，洪水およびその他の災害に対する適応能力を向上させ，漸進的に土地と土壌の質を改善させるような，持続可能な食料生産システムを確保し，強くしなやか（レジリエント）な農業を実践する．

2.5　2020年までに，国，地域および国際レベルで適正に管理および多様化された種子・植物バンクなども通じて，種子，栽培植物，飼育・家畜化された動物および，これらの近縁野生種の遺伝的多様性を維持し，国際的合意に基づき，遺伝資源およびこれに関連する伝統的な知識へのアクセス，ならびにその利用から生じる利益の公正かつ衡平な配分を促進する．

（実施手段）

2.a　開発途上国，特に後発開発途上国における農業生産能力の向上のために，国際協力の強化などを通じて，農村インフラ，農業研究・普及サービス，技術開発および植物・家畜のジーン・バンクへの投資の拡大を図る．

2.b　ドーハ・ラウンドのマンデート（役割）に従い，すべての農産物輸出補助金および同等の効果を持つすべての輸出措置の同時撤廃などを通じ

て，世界の市場における貿易制限やゆがみを是正し，また防止する．

2.c　食料価格の極端な変動に歯止めをかけるため，食料市場およびデリバティブ市場の適正な機能を確保するための措置を講じ，食料備蓄などの市場情報への適時のアクセスを容易にする．

ゴール3　あらゆる年齢のすべての人々の健康的な生活を確保し，福祉を促進する

ターゲット

（ターゲット）

3.1　2030年までに，世界の妊産婦の死亡率を出生10万人当たり70人未満に削減する．

3.2　すべての国が新生児死亡率を少なくとも出生1,000件中12件以下まで減らし，5歳以下死亡率を少なくとも出生1,000件中25件以下まで減らすことを目指し，2030年までに，新生児および5歳未満児の予防可能な死亡を根絶する．

3.3　2030年までに，エイズ，結核，マラリアおよび顧みられない熱帯病といった感染症を根絶するとともに肝炎，水系感染症およびその他の感染性の疾病に対処する．

3.4　2030年までに，非感染性疾患による若年死亡率を，予防や治療を通じて3分の1減少させ，精神保健および福祉を促進する．

3.5　薬物濫用やアルコールの有害な摂取を含む，物質濫用の防止・治療を強化する．

3.6　2020年までに，世界の道路交通事故による死傷者を半減させる．

3.7　2030年までに，家族計画，情報・教育およびリプロダクティブ・ヘルスの国家戦略・計画への組み入れを含む，セクシュアル・リプロダクティブ・ヘルスケア・サービスをすべての人々が利用できるようにする．

3.8　すべての人々に対する財政リスクからの保護，質の高い基礎的な保健サービスへのアクセス，および安全で効果的かつ質が高く安価な必須医薬品とワクチンへのアクセスを含む，ユニバーサル・ヘルス・カバレッジ(UHC)を達成する．

3.9　2030年までに，有害化学物質，ならびに大気，水質および土壌の汚染による死亡および疾病の件数を大幅に減少させる．

（実施手段）

3.a　すべての国々において，「たばこの規制に関する世界保健機関枠組条

約」の実施を適宜強化する.

3.b　主に開発途上国に影響を及ぼす感染性および非感染性疾患のワクチンおよび医薬品の研究開発を支援する．また,「知的財産権の貿易関連の側面に関する協定」(TRIPS協定)および「公衆の健康に関するドーハ宣言」に従い，安価な必須医薬品およびワクチンへのアクセスを提供する．同宣言は公衆衛生保護および，特にすべての人々への医薬品のアクセス提供に関わるTRIPS協定の柔軟性に関する規定を最大限に行使する開発途上国の権利を確約したものである.

3.c　開発途上国，特に後発開発途上国および小島嶼開発途上国において保健財政および保健人材の採用，能力開発・訓練および定着を大幅に拡大させる.

3.d　すべての国々，特に開発途上国の国家・世界規模な健康危険因子の早期警告，危険因子緩和および危険因子管理のための能力を強化する.

ゴール4　すべての人に包摂的かつ公平な質の高い教育を確保し，生涯学習の機会を促進する

ターゲット

(ターゲット)

4.1　2030年までに，すべての子どもが男女の区別なく，適切かつ効果的な学習成果をもたらす，無償かつ公正で質の高い初等教育および中等教育を修了できるようにする.

4.2　2030年までに，すべての子どもが男女の区別なく，質の高い乳幼児の発達・ケアおよび就学前教育にアクセスすることにより，初等教育を受ける準備が整うようにする.

4.3　2030年までに，すべての人々が男女の区別なく，手の届く質の高い技術教育・職業教育および大学を含む高等教育への平等なアクセスを得られるようにする.

4.4　2030年までに，技術的・職業的スキルなど，雇用，働きがいのある人間らしい仕事および起業に必要な技能を備えた若者と成人の割合を大幅に増加させる.

4.5　2030年までに，教育におけるジェンダー格差をなくし，障害者，先住民および脆弱な立場にある子どもなど，脆弱層があらゆるレベルの教育や職業訓練に平等にアクセスできるようにする.

4.6　2030年までに，すべての若者および大多数の成人が，男女ともに，読み書き能力および基本的計算能力を身に付けられるようにする.

4.7　2030年までに，持続可能な開発のための教育および持続可能なライフスタイル，人権，男女の平等，平和および非暴力的文化の推進，グローバル・シチズンシップ，文化的多様性と文化の持続可能な開発への貢献の理解の教育を通して，すべての学習者が，持続可能な開発を促進するために必要な知識および技能を習得できるようにする．

（実施手段）

4.a　子ども，障害およびジェンダーに配慮した教育施設を構築・改良し，すべての人々に安全で非暴力的，包摂的，効果的な学習環境を提供できるようにする．

4.b　2020年までに，開発途上国，特に後発開発途上国および小島嶼開発途上国，ならびにアフリカ諸国を対象とした，職業訓練，情報通信技術(ICT)，技術・工学・科学プログラムなど，先進国およびその他の開発途上国における高等教育の奨学金の件数を全世界で大幅に増加させる．

4.c　2030年までに，開発途上国，特に後発開発途上国および小島嶼開発途上国における教員研修のための国際協力などを通じて，質の高い教員の数を大幅に増加させる．

ゴール5　ジェンダーの平等を達成し，すべての女性および女の子の能力強化を行う

ターゲット

（ターゲット）

5.1　あらゆる場所におけるすべての女性および女の子に対するあらゆる形態の差別を撤廃する．

5.2　人身売買や性的，その他の種類の搾取など，すべての女性および女の子に対する，公共・私的空間におけるあらゆる形態の暴力を排除する．

5.3　未成年者の結婚，早期結婚，強制結婚および女性器切除など，あらゆる有害な慣行を撤廃する．

5.4　公共のサービス，インフラおよび社会保障政策の提供，ならびに各国の状況に応じた世帯・家族内における責任分担を通じて，無報酬の育児・介護や家事労働を認識・評価する．

5.5　政治，経済，公共分野でのあらゆるレベルの意思決定において，完全かつ効果的な女性の参画および平等なリーダーシップの機会を確保する．

5.6　国際人口開発会議（ICPD）の行動計画および北京行動綱領，ならびにこれらの検証会議の成果文書に従い，セクシュアル・リプロダクティ

ブ・ヘルスおよびリプロダクティブ・ライツへの普遍的アクセスを確保する.

(実施手段)
5.a　女性に対し，経済的資源に対する同等の権利，ならびに各国法に従い，オーナーシップおよび土地その他の財産，金融サービス，相続財産，天然資源に対するアクセスを与えるための改革に着手する.
5.b　女性の能力強化促進のため，ICTをはじめとする実現技術の活用を強化する.
5.c　ジェンダー平等の促進，ならびに，すべての女性および女の子のあらゆるレベルでの能力強化のための適正な政策および拘束力のある法規を導入・強化する.

ゴール6　すべての人々の水と衛生の利用可能性と持続可能な管理を確保する

ターゲット

(ターゲット)
6.1　2030年までに，すべての人々の，安全で安価な飲料水の普遍的かつ衡平なアクセスを達成する.
6.2　2030年までに，すべての人々の，適切かつ平等な下水施設・衛生施設へのアクセスを達成し，野外での排泄をなくす．女性および女の子，ならびに脆弱な立場にある人々のニーズに特に注意を払う.
6.3　2030年までに，汚染の減少，投棄の廃絶と有害な化学物・物質の放出の最小化，未処理の排水の割合半減および再生利用と安全な再利用を世界的規模で大幅に増加させることにより，水質を改善する.
6.4　2030年までに，全セクターにおいて水利用の効率を大幅に改善し，淡水の持続可能な採取および供給を確保し水不足に対処するとともに，水不足に悩む人々の数を大幅に減少させる.
6.5　2030年までに，国境を越えた適切な協力を含む，あらゆるレベルでの統合水資源管理を実施する.
6.6　2020年までに，山地，森林，湿地，河川，帯水層，湖沼を含む水に関連する生態系の保護・回復を行う.

(実施手段)
6.a　2030年までに，集水，海水淡水化，水の効率的利用，排水処理，リ

サイクル・再利用技術を含む開発途上国における水と衛生分野での活動と計画を対象とした国際協力と能力構築支援を拡大する．

6.b　水と衛生に関わる分野の管理向上における地域コミュニティの参加を支援・強化する．

ゴール7　すべての人々の，安価かつ信頼できる持続可能な現代的エネルギーへのアクセスを確保する

ターゲット

（ターゲット）

7.1　2030年までに，安価かつ信頼できる現代的エネルギーサービスへの普遍的アクセスを確保する．

7.2　2030年までに，世界のエネルギーミックスにおける再生可能エネルギーの割合を大幅に拡大させる．

7.3　2030年までに，世界全体のエネルギー効率の改善率を倍増させる．

（実施手段）

7.a　2030年までに，再生可能エネルギー，エネルギー効率および先進的かつ環境負荷の低い化石燃料技術などのクリーンエネルギーの研究および技術へのアクセスを促進するための国際協力を強化し，エネルギー関連インフラとクリーンエネルギー技術への投資を促進する．

7.b　2030年までに，各々の支援プログラムに沿って開発途上国，特に後発開発途上国および小島嶼開発途上国，内陸開発途上国のすべての人々に現代的で持続可能なエネルギーサービスを供給できるよう，インフラ拡大と技術向上を行う．

ゴール8　包摂的かつ持続可能な経済成長およびすべての人々の完全かつ生産的な雇用と働きがいのある人間らしい雇用（ディーセント・ワーク）を促進する

ターゲット

（ターゲット）

8.1　各国の状況に応じて，1人当たり経済成長率を持続させる．特に後発開発途上国は少なくとも年率7%の成長率を保つ．

8.2　高付加価値セクターや労働集約型セクターに重点を置くことなどにより，多様化，技術向上およびイノベーションを通じた高いレベルの経

済生産性を達成する.

8.3　生産活動や適切な雇用創出，起業，創造性およびイノベーションを支援する開発重視型の政策を促進するとともに，金融サービスへのアクセス改善などを通じて中小零細企業の設立や成長を奨励する.

8.4　2030年までに，世界の消費と生産における資源効率を漸進的に改善させ，先進国主導の下，「持続可能な消費と生産に関する10年計画枠組み」に従い，経済成長と環境悪化の分断を図る.

8.5　2030年までに，若者や障害者を含むすべての男性および女性の，完全かつ生産的な雇用および働きがいのある人間らしい仕事，ならびに同一労働同一賃金を達成する.

8.6　2020年までに，就労，就学および職業訓練のいずれも行っていない若者の割合を大幅に減らす.

8.7　強制労働を根絶し，現代の奴隷制や人身売買を終らせるための緊急かつ効果的な措置を実施し，最悪な形態の児童労働の禁止と根絶を確実に行う．2025年までに児童兵士の募集と使用を含むあらゆる形態の児童労働を終わらせる.

8.8　移住労働者，特に女性の移住労働者や不安定な雇用状態にある労働者など，すべての労働者の権利を保護し，安全・安心な労働環境を促進する.

8.9　2030年までに，雇用創出，地方の文化振興・産品販促につながる持続可能な観光業を促進するための政策を立案し実施する.

8.10　国内の金融機関の能力を強化し，すべての人々の銀行取引，保険および金融サービスへのアクセスを促進・拡大する.

(実施手段)

8.a　後発開発途上国への貿易関連技術支援のための拡大統合フレームワーク(EIF)などを通じた支援を含む，開発途上国，特に後発開発途上国に対する貿易のための援助を拡大する.

8.b　2020年までに，若年雇用のための世界的戦略および国際労働機関(ILO)の仕事に関する世界協定の展開・運用を実施する.

ゴール9　強くしなやかなインフラ構築，包摂的かつ持続可能な産業化の促進およびイノベーションの推進を図る

ターゲット

(ターゲット)

9.1　すべての人々に安価で公平なアクセスに重点を置いた経済発展と人

間の福祉を支援するために，地域・越境インフラを含む質の高い，信頼でき，持続可能かつレジリエントなインフラを開発する．

9.2　包摂的かつ持続可能な産業化を促進し，2030年までに各国の状況に応じて雇用およびGDPに占める産業セクターの割合を大幅に増加させる．後発開発途上国については同割合を倍増させる．

9.3　特に開発途上国における小規模の製造業その他の企業の，安価な資金貸付などの金融サービスやバリューチェーンおよび市場への統合へのアクセスを拡大する．

9.4　2030年までに，資源利用効率の向上とクリーン技術および環境に配慮した技術・産業プロセスの導入拡大を通じたインフラ改良や産業改善により，持続可能性を向上させる．すべての国々は各国の能力に応じた取組を行う．

9.5　2030年までに，イノベーションの促進，100万人当たりの研究開発従事者数の大幅な増加，また官民研究開発への支出拡大など，開発途上国をはじめとするすべての国々の産業セクターにおける科学研究を促進し，技術能力を向上させる．

（実施手段）

9.a　アフリカ諸国，後発開発途上国，内陸開発途上国および小島嶼開発途上国への金融・テクノロジー・技術の支援強化を通じて，開発途上国における持続可能かつ強靱（レジリエント）なインフラ開発を促進する．

9.b　産業の多様化や商品への付加価値創造などに資する政策環境の確保などを通じて，開発途上国の国内における技術開発，研究およびイノベーションを支援する．

9.c　後発開発途上国において情報通信技術（ICT）へのアクセスを大幅に向上させ，2020年までに普遍的かつ安価なインターネットアクセスを提供できるよう図る．

ゴール10　各国内および各国間の不平等を是正する

ターゲット

（ターゲット）

10.1　2030年までに，各国の所得下位40％の所得成長率について，国内平均を上回る数値を漸進的に達成し，持続させる．

10.2　2030年までに，年齢，性別，障害，人種，民族，出自，宗教，あるいは経済的地位その他の状況に関わりなく，すべての人々の能力強化

および社会的・経済的ならびに政治的な包含を促進する.

10.3　差別的な法律，政策および慣行の撤廃，ならびに適切な関連法規，政策，行動の促進などを通じて，機会均等を確保し，成果の不平等を是正する.

10.4　税制，賃金，社会保障政策をはじめとする政策を導入し，平等の拡大を漸進的に達成する.

10.5　世界金融市場と金融機関に対する規制とモニタリングを改善し，こうした規制の実施を強化する.

10.6　地球規模の国際経済・金融制度の意思決定における開発途上国の参加や発言力を拡大させることにより，より効果的で信用力があり，説明責任のある正当な制度を実現する.

10.7　計画に基づき良く管理された移民政策の実施などを通じて，秩序のとれた，安全で規則的かつ責任ある移住や流動性を促進する.

(実施手段)

10.a　世界貿易機関(WTO)協定に従い，開発途上国，特に後発開発途上国に対する特別かつ異なる待遇の原則を実施する.

10.b　各国の国家計画やプログラムに従って，後発開発途上国，アフリカ諸国，小島嶼開発途上国および内陸開発途上国をはじめとする，ニーズが最も大きい国々への，政府開発援助(ODA)および海外直接投資を含む資金の流入を促進する.

10.c　2030 年までに，移住労働者による送金コストを 3% 未満に引き下げ，コストが 5% を越える送金経路を撤廃する.

ゴール 11　包摂的で安全かつ強くしなやかで持続可能な都市および人間居住を実現する

ターゲット

(ターゲット)

11.1　2030 年までに，すべての人々の，適切，安全かつ安価な住宅および基本的サービスへのアクセスを確保し，スラムを改善する.

11.2　2030 年までに，脆弱な立場にある人々，女性，子ども，障害者および高齢者のニーズに特に配慮し，公共交通機関の拡大などを通じた交通の安全性改善により，すべての人々に，安全かつ安価で容易に利用できる，持続可能な輸送システムへのアクセスを提供する.

11.3　2030 年までに，包摂的かつ持続可能な都市化を促進し，すべての

国々の参加型，包摂的かつ持続可能な人間居住計画・管理の能力を強化する．

11.4　世界の文化遺産および自然遺産の保護・保全の努力を強化する．

11.5　2030 年までに，貧困層および脆弱な立場にある人々の保護に焦点をあてながら，水関連災害などの災害による死者や被災者数を大幅に削減し，世界の国内総生産(GDP)比で直接的経済損失を大幅に減らす．

11.6　2030 年までに，大気の質および一般ならびにその他の廃棄物の管理に特別な注意を払うことによるものを含め，都市の 1 人当たりの環境上の悪影響を軽減する．

11.7　2030 年までに，女性，子ども，高齢者および障害者を含め，人々に安全で包摂的かつ利用が容易な緑地や公共スペースへの普遍的アクセスを提供する．

(実施手段)

11.a　各国・地域規模の開発計画の強化を通じて，経済，社会，環境面における都市部，都市周辺部および農村部間の良好なつながりを支援する．

11.b　2020 年までに，包含，資源効率，気候変動の緩和と適応，災害に対する強靱さ(レジリエンス)を目指す総合的政策および計画を導入・実施した都市および人間居住地の件数を大幅に増加させ，仙台防災枠組 2015-2030 に沿って，あらゆるレベルでの総合的な災害リスク管理の策定と実施を行う．

11.c　財政的および技術的な支援などを通じて，後発開発途上国における現地の資材を用いた，持続可能かつ強靱(レジリエント)な建造物の整備を支援する．

ゴール 12　持続可能な消費と生産の形態を確保する

ターゲット

(ターゲット)

12.1　開発途上国の開発状況や能力を勘案しつつ，「持続可能な消費と生産に関する 10 年計画枠組み」(10YFP)を実施し，先進国主導の下，すべての国々が対策を講じる．

12.2　2030 年までに天然資源の持続可能な管理および効率的な利用を達成する．

12.3　2030 年までに小売・消費レベルにおける世界全体の 1 人当たりの食料の廃棄を半減させ，収穫後損失などの生産・サプライチェーンにお

ける食品ロスを減少させる．

12.4　2020年までに，合意された国際的な枠組みに従い，製品ライフサイクルを通じ，環境上適正な化学物質やすべての廃棄物の管理を実現し，人の健康や環境への悪影響を最小化するため，化学物質や廃棄物の大気・水・土壌への放出を大幅に削減する．

12.5　2030年までに，廃棄物の発生防止，削減，再生利用および再利用により，廃棄物の発生を大幅に削減する．

12.6　特に大企業や多国籍企業などの企業に対し，持続可能な取り組みを導入し，持続可能性に関する情報を定期報告に盛り込むよう奨励する．

12.7　国内の政策や優先事項に従って持続可能な公共調達の慣行を促進する．

12.8　2030年までに，人々があらゆる場所において，持続可能な開発および自然と調和したライフスタイルに関する情報と意識を持つようにする．

(実施手段)

12.a　開発途上国に対し，より持続可能な消費・生産形態の促進のための科学的・技術的能力の強化を支援する．

12.b　雇用創出，地方の文化振興・産品販促につながる持続可能な観光業に対して持続可能な開発がもたらす影響を測定する手法を開発・導入する．

12.c　開発途上国の特別なニーズや状況を十分考慮し，貧困層やコミュニティを保護する形で開発に関する悪影響を最小限に留めつつ，税制改正や，有害な補助金が存在する場合はその環境への影響を考慮してその段階的廃止などを通じ，各国の状況に応じて，市場のひずみを除去することで，浪費的な消費を奨励する，化石燃料に対する非効率な補助金を合理化する．

ゴール13　気候変動およびその影響を軽減するための緊急対策を講じる

ターゲット

(ターゲット)

13.1　すべての国々において，気候関連災害や自然災害に対するレジリエンスおよび適応の能力を強化する．

13.2　気候変動対策を国別の政策，戦略および計画に盛り込む．

13.3　気候変動の緩和，適応，影響軽減および早期警戒に関する教育，啓発，人的能力および制度機能を改善する．

（実施手段）

13.a　重要な緩和行動の実施とその実施における透明性確保に関する開発途上国のニーズに対応するため，2020年までにあらゆる供給源から年間1,000億ドルを共同で動員するという，気候変動に関する国際連合枠組条約（UNFCCC）の先進締約国によるコミットメントを実施するとともに，可能な限り速やかに資本を投入して緑の気候基金を本格始動させる．

13.b　後発開発途上国および小島嶼開発途上国において，女性や青年，地方および社会的に疎外されたコミュニティに焦点を当てることを含め，気候変動関連の効果的な計画策定と管理のための能力を向上するメカニズムを推進する．

ゴール14　持続可能な開発のために海洋・海洋資源を保全し，持続可能な形で利用する

ターゲット

（ターゲット）

14.1　2025年までに，海洋ごみや富栄養化を含む，特に陸上活動による汚染など，あらゆる種類の海洋汚染を防止し，大幅に削減する．

14.2　2020年までに，海洋および沿岸の生態系に関する重大な悪影響を回避するため，強靱性（レジリエンス）の強化などによる持続的な管理と保護を行い，健全で生産的な海洋を実現するため，海洋および沿岸の生態系の回復のための取組を行う．

14.3　あらゆるレベルでの科学的協力の促進などを通じて，海洋酸性化の影響を最小限化し，対処する．

14.4　水産資源を，実現可能な最短期間で少なくとも各資源の生物学的特性によって定められる最大持続生産量のレベルまで回復させるため，2020年までに，漁獲を効果的に規制し，過剰漁業や違法・無報告・無規制（IUU）漁業および破壊的な漁業慣行を終了し，科学的な管理計画を実施する．

14.5　2020年までに，国内法および国際法に則り，最大限入手可能な科学情報に基づいて，少なくとも沿岸域および海域の10％を保全する．

14.6　開発途上国および後発開発途上国に対する適切かつ効果的な，特別かつ異なる待遇が，世界貿易機関（WTO）漁業補助金交渉の不可分の要素であるべきことを認識した上で，2020年までに，過剰漁獲能力や過剰漁獲につながる漁業補助金を禁止し，IUU漁業につながる補助金を撤廃し，同様の新たな補助金の導入を抑制する．

14.7　2030年までに，漁業，水産養殖および観光の持続可能な管理などを通じ，小島嶼開発途上国および後発開発途上国の海洋資源の持続的な利用による経済的便益を増大させる．

（実施手段）
14.a　海洋の健全性の改善と，開発途上国，特に小島嶼開発途上国および後発開発途上国の開発における海洋生物多様性の寄与向上のために，海洋技術の移転に関するユネスコ政府間海洋学委員会の基準・ガイドラインを勘案しつつ，科学的知識の増進，研究能力の向上，および海洋技術の移転を行う．
14.b　小規模・沿岸零細漁業者に対し，海洋資源および市場へのアクセスを提供する．
14.c「我々の求める未来」の第158パラグラフにおいて想起されるとおり，海洋および海洋資源の保全および持続可能な利用のための法的枠組みを規定する海洋法に関する国際連合条約（UNCLOS）に反映されている国際法を実施することにより，海洋および海洋資源の保全および持続可能な利用を強化する．

ゴール15　陸域生態系の保護，回復，持続可能な利用の推進，持続可能な森林の経営，砂漠化への対処，ならびに土地の劣化の阻止・回復および生物多様性の損失を阻止する

ターゲット
（ターゲット）
15.1　2020年までに，国際協定の下での義務に則って，森林，湿地，山地および乾燥地をはじめとする陸域生態系と内陸淡水生態系およびそれらのサービスの保全，回復および持続可能な利用を確保する．
15.2　2020年までに，あらゆる種類の森林の持続可能な経営の実施を促進し，森林減少を阻止し，劣化した森林を回復し，世界全体で新規植林および再植林を大幅に増加させる．
15.3　2030年までに，砂漠化に対処し，砂漠化，旱ばつおよび洪水の影響を受けた土地などの劣化した土地と土壌を回復し，土地劣化に荷担しない世界の達成に尽力する．
15.4　2030年までに持続可能な開発に不可欠な便益をもたらす山地生態系の能力を強化するため，生物多様性を含む山地生態系の保全を確実に行う．

15.5　自然生息地の劣化を抑制し，生物多様性の損失を阻止し，2020年までに絶滅危惧種を保護し，また絶滅防止するための緊急かつ意味のある対策を講じる．

15.6　国際合意に基づき，遺伝資源の利用から生ずる利益の公正かつ衡平な配分を推進するとともに，遺伝資源への適切なアクセスを推進する．

15.7　保護の対象となっている動植物種の密猟および違法取引を終わらせるための緊急対策を講じるとともに，違法な野生生物製品の需要と供給の両面に対処する．

15.8　2020年までに，外来種の侵入を防止するとともに，これらの種による陸域・海洋生態系への影響を大幅に減少させるための対策を導入し，さらに優先種を駆除し，もしくは根絶を行う．

15.9　2020年までに，生態系と生物多様性の価値を，国や地方の計画策定，開発プロセスおよび貧困削減のための戦略および会計に組み込む．

（実施手段）

15.a　生物多様性と生態系の保全と持続的な利用のために，あらゆる資金源からの資金の動員および大幅な増額を行う．

15.b　保全や再植林を含む持続可能な森林経営を推進するため，あらゆるレベルのあらゆる供給源から，持続可能な森林経営のための資金の調達と開発途上国への十分なインセンティブ付与のための相当量の資源を動員する．

15.c　持続的な生計機会を追求するために地域コミュニティの能力向上を図るなど，保護種の密猟および違法な取引に対処するための努力に対する世界的な支援を強化する．

ゴール16　持続可能な開発のための平和で包摂的な社会を促進し，すべての人々に司法へのアクセスを提供し，あらゆるレベルにおいて効果的で説明責任のある包摂的な制度を構築する

ターゲット

（ターゲット）

16.1　あらゆる場所において，すべての形態の暴力および暴力に関連する死亡率を大幅に減少させる．

16.2　子どもに対する虐待，搾取，取引およびあらゆる形態の暴力および拷問を終息させる．

16.3　国家および国際的なレベルでの法の支配を促進し，すべての人々に

司法への平等なアクセスを提供する.

16.4 2030年までに，違法な資金および武器の取引を大幅に減少させ，奪われた財産の回復および返還を強化し，あらゆる形態の組織犯罪を根絶する.

16.5 あらゆる形態の汚職や贈賄を大幅に減少させる.

16.6 あらゆるレベルにおいて，有効で説明責任のある透明性の高い公共機関を発展させる.

16.7 あらゆるレベルにおいて，対応的，包摂的，参画型で代表制に基づく意思決定を確保する.

16.8 グローバル・ガバナンス機関への開発途上国の参加を拡大・強化する.

16.9 2030年までに，すべての人々に出生登録を含む法的な身分証明を提供する.

16.10 国内法規および国際協定に従い，情報への公共アクセスを確保し，基本的自由を保障する.

（実施手段）

16.a 特に開発途上国において，暴力を防止しテロリズム・犯罪と闘うためのあらゆるレベルでの能力構築のため，国際協力などを通じて関連国家機関を強化する.

16.b 持続可能な開発のための非差別的な法規および政策を推進し，実施する.

ゴール17 持続可能な開発のための実施手段を強化し，グローバル・パートナーシップを活性化する

ターゲット

（ターゲット）

〈資金〉

17.1 課税および徴税能力の向上のため，開発途上国への国際的な支援なども通じて，国内資源の動員を強化する.

17.2 先進国は，開発途上国に対する政府開発援助（ODA）を国民総所得（GNI）比0.7%に，後発開発途上国に対するODAをGNI比0.15～0.20%にするという目標を達成するとの多くの国によるコミットメントを含むODAに関わるコミットメントを完全に実施する．ODA供与国が，少なくともGNI比0.20%のODAを後発開発途上国に供与するという目標の設定を検討することを奨励する.

17.3　複数の財源から，開発途上国のための追加的資金源を動員する．
17.4　必要に応じた負債による資金調達，債務救済および債務再編の促進を目的とした協調的な政策により，開発途上国の長期的な債務の持続可能性の実現を支援し，重債務貧困国(HIPC)の対外債務への対応により債務リスクを軽減する．
17.5　後発開発途上国のための投資促進枠組みを導入および実施する．

〈技術〉
17.6　科学技術イノベーション(STI)およびこれらへのアクセスに関する南北協力，南南協力および地域的・国際的な三角協力を向上させる．また，国連レベルをはじめとする既存のメカニズム間の調整改善や，全世界的な技術促進メカニズムなどを通じて，相互に合意した条件において知識共有を進める．
17.7　開発途上国に対し，譲許的・特恵的条件などの相互に合意した有利な条件の下で，環境に配慮した技術の開発，移転，普及および拡散を促進する．
17.8　2017年までに，後発開発途上国のための技術バンクおよびSTI能力構築メカニズムを完全に運用させ，情報通信技術(ICT)をはじめとする実現技術の利用を強化する．

〈能力構築〉
17.9　すべての持続可能な開発目標を実施するための国家計画を支援するべく，南北協力，南南協力および三角協力などを通じて，開発途上国における，効果的で的をしぼった能力構築の実施に対する国際的な支援を強化する．

〈貿易〉
17.10　ドーハ・ラウンド(DDA)交渉の受諾を含むWTOの下での普遍的でルールに基づいた，差別的でない，公平な多角的貿易体制を促進する．
17.11　開発途上国による輸出を大幅に増加させ，特に2020年までに世界の輸出に占める後発開発途上国のシェアを倍増させる．
17.12　後発開発途上国からの輸入に対する特恵的な原産地規則が透明で簡略的かつ市場アクセスの円滑化に寄与するものとなるようにすることを含むWTOの決定に矛盾しない形で，すべての後発開発途上国に対し，永続的な無税・無枠の市場アクセスを適時実施する．

〈体制／政策・制度的整合性〉

17.13　政策協調や政策の首尾一貫性などを通じて，世界的なマクロ経済の安定を促進する．

17.14　持続可能な開発のための政策の一貫性を強化する．

17.15　貧困の根絶と持続可能な開発のための政策の確立・実施にあたっては，各国の政策空間およびリーダーシップを尊重する．

〈マルチステークホルダー・パートナーシップ〉

17.16　すべての国々，特に開発途上国での持続可能な開発目標の達成を支援すべく，知識，専門的知見，技術および資金源を動員し，共有するマルチステークホルダー・パートナーシップによって補完しつつ，持続可能な開発のためのグローバル・パートナーシップを強化する．

17.17　さまざまなパートナーシップの経験や資源戦略を基にした，効果的な公共，官民，市民社会のパートナーシップを奨励・推進する．

〈データ，モニタリング，説明責任〉

17.18　2020年までに，後発開発途上国および小島嶼開発途上国を含む開発途上国に対する能力構築支援を強化し，所得，性別，年齢，人種，民族，居住資格，障害，地理的位置およびその他各国事情に関連する特性別の質が高く，タイムリーかつ信頼性のある非集計型データの入手可能性を向上させる．

17.19　2030年までに，持続可能な開発の進捗状況を測るGDP以外の尺度を開発する既存の取組みを更に前進させ，開発途上国における統計に関する能力構築を支援する．